全国普法学习读本

★ ★ ★ ★ ★

信息管理法律法规学习读本
信息产业综合法律法规

叶浦芳 主编

加大全民普法力度，建设社会主义法治文化，树立宪法法律至上、法律面前人人平等的法治理念。

—— 中国共产党第十九次全国代表大会《决胜全面建成小康社会 夺取新时代中国特色社会主义伟大胜利》

汕头大学出版社

图书在版编目（CIP）数据

信息产业综合法律法规／叶浦芳主编．-- 汕头：
汕头大学出版社（2021.7重印）
（信息管理法律法规学习读本）
ISBN 978-7-5658-3571-1

Ⅰ．①信… Ⅱ．①叶… Ⅲ．①信息产业-法律-中国
-学习参考资料 Ⅳ．①D922.84

中国版本图书馆 CIP 数据核字（2018）第 078978 号

信息产业综合法律法规　　XINXI CHANYE ZONGHE FALÜ FAGUI

主　　编：叶浦芳
责任编辑：邹　峰
责任技编：黄东生
封面设计：大华文苑
出版发行：汕头大学出版社
　　　　　广东省汕头市大学路 243 号汕头大学校园内　　邮政编码：515063
电　　话：0754-82904613
印　　刷：三河市南阳印刷有限公司
开　　本：690mm×960mm 1/16
印　　张：18
字　　数：226 千字
版　　次：2018 年 5 月第 1 版
印　　次：2021 年 7 月第 2 次印刷
定　　价：59.60 元（全 2 册）
ISBN 978-7-5658-3571-1

前　言

习近平总书记指出："推进全民守法，必须着力增强全民法治观念。要坚持把全民普法和守法作为依法治国的长期基础性工作，采取有力措施加强法制宣传教育。要坚持法治教育从娃娃抓起，把法治教育纳入国民教育体系和精神文明创建内容，由易到难、循序渐进不断增强青少年的规则意识。要健全公民和组织守法信用记录，完善守法诚信褒奖机制和违法失信行为惩戒机制，形成守法光荣、违法可耻的社会氛围，使遵法守法成为全体人民共同追求和自觉行动。"

中共中央、国务院曾经转发了中央宣传部、司法部关于在公民中开展法治宣传教育的规划，并发出通知，要求各地区各部门结合实际认真贯彻执行。通知指出，全民普法和守法是依法治国的长期基础性工作。深入开展法治宣传教育，是全面建成小康社会和新农村的重要保障。

普法规划指出：各地区各部门要根据实际需要，从不同群体的特点出发，因地制宜开展有特色的法治宣传教育坚持集中法治宣传教育与经常性法治宣传教育相结合，深化法律进机关、进乡村、进社区、进学校、进企业、进单位的"法律六进"主题活动，完善工作标准，建立长效机制。

特别是农业、农村和农民问题，始终是关系党和人民事业发展的全局性和根本性问题。党中央、国务院发布的《关于推进社会主义新农村建设的若干意见》中明确提出要"加强农村法制建设，深入开展农村普法教育，增强农民的法制观念，提高农民依法行使权利和履行义务的自觉性。"多年普法实践证明，普及法律知识，提高法制观念，增强全社会依法办事意识具有重要作用。特别是在广大农村进行普法教育，是提高全民法律素质的需要。

多年来，我国在农村实行的改革开放取得了极大成功，农村发生了翻天覆地的变化，广大农民生活水平大大得到了提高。但是，由于历史和社会等原因，现阶段我国一些地区农民文化素质还不高，不学法、不懂法、不守法现象虽然较原来有所改变，但仍有相当一部分群众的法制观念仍很淡化，不懂、不愿借助法律来保护自身权益，这就极易受到不法的侵害，或极易进行违法犯罪活动，严重阻碍了全面建成小康社会和新农村步伐。

为此，根据党和政府的指示精神以及普法规划，特别是根据广大农村农民的现状，在有关部门和专家的指导下，特别编辑了这套《全国普法学习读本》。主要包括了广大人民群众应知应懂、实际实用的法律法规。为了辅导学习，附录还收入了相应法律法规的条例准则、实施细则、解读解答、案例分析等；同时为了突出法律法规的实际实用特点，兼顾地方性和特殊性，附录还收入了部分某些地方性法律法规以及非法律法规的政策文件、管理制度、应用表格等内容，拓展了本书的知识范围，使法律法规更"接地气"，便于读者学习掌握和实际应用。

在众多法律法规中，我们通过甄别，淘汰了废止的，精选了最新的、权威的和全面的。但有部分法律法规有些条款不适应当下情况了，却没有颁布新的，我们又不能擅自改动，只得保留原有条款，但附录却有相应的补充修改意见或通知等。众多法律法规根据不同内容和受众特点，经过归类组合，优化配套。整套普法读本非常全面系统，具有很强的学习性、实用性和指导性，非常适合用于广大农村和城乡普法学习教育与实践指导。总之，是全国全民普法的良好读本。

目　　录

国家信息化最新政策

农村信息化综合信息服务试点管理办法（试行）

国家信息化最新政策

国家信息化发展战略纲要

(摘自中华人民共和国中央人民政府网站；2016 年
7 月中共中央办公厅、国务院办公厅印发)

当今世界，信息技术创新日新月异，以数字化、网络化、智能化为特征的信息化浪潮蓬勃兴起。没有信息化就没有现代化。适应和引领经济发展新常态，增强发展新动力，需要将信息化贯穿我国现代化进程始终，加快释放信息化发展的巨大潜能。以信息化驱动现代化，建设网络强国，是落实"四个全面"战略布局的重要举措，是实现"两个一百年"奋斗目标和中华民族伟大复兴中国梦的必然选择。

本战略纲要是根据新形势对《2006—2020 年国家信息化发展战略》的调整和发展，是规范和指导未来 10 年国家信息化发展的纲领性文件，是国家战略体系的重要组成部分，是信息化领域规划、政策制定的重要依据。

一、国家信息化发展的基本形势

（一）人类社会经历了农业革命、工业革命，正在经历信息革命。当前，以信息技术为代表的新一轮科技革命方兴未艾，互联网日益成为创新驱动发展的先导力量。信息技术与生物技术、新能源技术、新材料技术等交叉融合，正在引发以绿色、智能、泛在为特征的群体性技术突破。信息、资本、技术、人才在全球范围内加速流动，互联网推动产业变革，促进工业经济向信息经济转型，国际分工新体系正在形成。网信事业代表新的生产力、新的发展方向，推动人类认识世界、改造世界的能力空前提升，正在深刻改变着人们的生产生活方式，带来生产力质的飞跃，引发生产关系重大变革，成为重塑国际经济、政治、文化、社会、生态、军事发展新格局的主导力量。全球信息化进入全面渗透、跨界融合、加速创新、引领发展的新阶段。

随着世界多极化、经济全球化、文化多样化、社会信息化深入发展，全球治理体系深刻变革，谁在信息化上占据制高点，谁就能够掌握先机、赢得优势、赢得安全、赢得未来。发达国家持续推动信息技术创新，不断加快经济社会数字化进程，全力巩固领先优势。发展中国家抢抓产业链重组和调整机遇，以信息化促转型发展，积极谋求掌握发展主动权。世界各国加快网络空间战略布局，围绕关键资源获取、国际规则制定的博弈日趋尖锐复杂。加快信息化发展，建设数字国家已经成为全球共识。

（二）进入新世纪特别是党的十八大以来，我国信息化取得长足进展，但与全面建成小康社会、加快推进社会主义现代化的目标相比还有差距，坚持走中国特色信息化发展道路，以信息化驱动现代化，建设网络强国，迫在眉睫、刻不容缓。目前，我国网民数量、网络零售交易额、电子信息产品制造规模已居全球第一，一批信息技术企业和互联网企业进入世界前列，形成了较为完善的信息产业体系。信息技术应用不断深化，"互联网+"异军突起，经济社会数字化网络化转型步伐加快，网络空间正能量进一步汇聚增强，信息化在现代化建设全局中引领作用日益凸显。同时，我国信息化发展也存在比较突出的问题，主要是：核心技术和设备受制于人，信息资源开发利用不够，信息基础设施普及程度不高，区域和城乡差距比较明显，网络安全面临严峻挑战，网络空间法治建设亟待加强，信息化在促进经济社会发展、服务国家整体战略布局中的潜能还没有充分释放。

我国综合国力、国际影响力和战略主动地位持续增强，发展仍处于可以大有作为的重要战略机遇期。从国内环境看，我国已经进入新型工业化、信息化、城镇化、农业现代化同步发展的关键时期，信息革命为我国加速完成工业化任务、跨越"中等收入陷阱"、构筑国际竞争新优势提供了历史性机遇，也警示我们面临不进则退、慢进亦退、错失良机的巨大风险。站在新的历史起点，我们完全有能力依托大国优势和制度优势，加快信息化发展，推动我国社会主义现代化事业再上新台阶。

二、指导思想、战略目标和基本方针

（一）指导思想。高举中国特色社会主义伟大旗帜，全面贯彻落实党的十八大和十八届三中、四中、五中全会精神，以邓小平理论、"三个代表"重要思想、科学发展观为指导，深入学习贯彻习近平总书记系列重要讲话精神，紧紧围绕"五位一体"总体布局和"四个全面"战略布局，牢固树立创新、协调、绿色、开放、共享的发展理念，贯彻以人民为中心的发展思想，统筹国内国际两个大局，统筹发展安全两件大事，坚持走中国特色信息化发展道路，坚持与实现"两个一百年"奋斗目标同步推进，以信息化驱动现代化为主线，以建设网络强国为目标，着力增强国家信息化发展能力，着力提高信息化应用水平，着力优化信息化发展环境，推进国家治理体系和治理能力现代化，努力在践行新发展理念上先行一步，让信息化造福社会、造福人民，为实现中华民族伟大复兴的中国梦奠定坚实基础。

（二）战略目标

到 2020 年，固定宽带家庭普及率达到中等发达国家水平，第三代移动通信（3G）、第四代移动通信（4G）网络覆盖城乡，第五代移动通信（5G）技术研发和标准取得突破性进展。信息消费总额达到 6 万亿元，电子商务交易规模达到 38 万亿元。核心关键技术部分领域达到国际先进水平，信息产业国际竞争力大幅提升，重点行业数字化、网络化、智能化取得明显进展，网络化协同创新体系全面形成，电子政务支撑国家治理体系和治理能力现代化坚实有力，信息化成为驱动现代化建设的先导力量。

互联网国际出口带宽达到 20 太比特/秒（Tbps），支撑"一带一路"建设实施，与周边国家实现网络互联、信息互通，建成中国—东盟信息港，初步建成网上丝绸之路，信息通信技术、产品和互联网服务的国际竞争力明显增强。

到 2025 年，新一代信息通信技术得到及时应用，固定宽带家庭普及率接近国际先进水平，建成国际领先的移动通信网络，实现宽带网络无缝覆盖。信息消费总额达到12万亿元，电子商务交易规模达到67万亿元。根本改变核心关键技术受制于人的局面，形成安全可控的信息技术产业体系，电子政务应用和信息惠民水平大幅提高。实现技术先进、产业发达、应用领先、网络安全坚不可摧的战略目标。

互联网国际出口带宽达到48太比特/秒（Tbps），建成四大国际信息通道，连接太平洋、中东欧、西非北非、东南亚、中亚、印巴缅俄等国家和地区，涌现一批具有强大国际竞争力的大型跨国网信企业。

到本世纪中叶，信息化全面支撑富强民主文明和谐的社会主义现代化国家建设，网络强国地位日益巩固，在引领全球信息化发展方面有更大作为。

（三）基本方针

——统筹推进。信息化事关国家经济社会长期可持续发展、事关国家长治久安、事关人民群众福祉，必须胸怀大局、把握大势、着眼大事，统筹中央和地方，统筹党政军各方力量，统筹发挥市场和政府作用，统筹阶段性目标和长远目标，统筹各领域信息化发展重大问题，确保国家信息化全面协调可持续健康发展。

——创新引领。全面实施创新驱动发展战略，把创新发展作为应对发展环境变化、增强发展动力、把握发展主动权，更好引领经济发展新常态的根本之策，以时不我待、只争朝夕的精神，努力掌握核心技术，快马加鞭争取主动局面，占据竞争制高点。

——驱动发展。最大程度发挥信息化的驱动作用，实施国家大数据战略，推进"互联网+"行动计划，引导新一代信息技术与经济社会各领域深度融合，推动优势新兴业态向更广范围、更宽领域拓展，全面提升经济、政治、文化、社会、生态文明和国防等领域信息化水平。

——惠及民生。坚持以造福社会、造福人民为工作的出发点和落脚点，发挥互联网在助推脱贫攻坚中的作用，推进精准扶贫、精准脱贫，不断增进人民福祉；紧紧围绕人民期待和需求，以信息化促进基本公共服务均等化，让亿万人民在共享互联网发展成果上有更多获得感。

——合作共赢。坚持国家利益在哪里、信息化就推进到哪里，围绕"一带一路"建设，加强网络互联、促进信息互通，加快构建网络空间命运共同体；用好国内国际两个市场两种资源、网上网下两个空间，主动参与全球治理，不断提升国际影响力和话语权。

——确保安全。网络安全和信息化是一体之两翼、驱动之双轮，必须统一谋划、统一部署、统一推进、统一实施，做到协调一致、齐头并进；切实防范、控制和化解信息化进程中可能产生的风险，以安全保发展，以发展促安全，努力建久安之势、成长治之业。

三、大力增强信息化发展能力

（一）发展核心技术，做强信息产业

信息技术和产业发展程度决定着信息化发展水平。我国正处于从跟跑并跑向并跑领跑转变的关键时期，要抓住自主创新的牛鼻子，构建安全可控的信息技术体系，培育形成具有国际竞争力的产业生态，把发展主动权牢牢掌握在自己手里。

1. 构建先进技术体系。制定国家信息领域核心技术设备发展战略纲要，以体系化思维弥补单点弱势，打造国际先进、安全可控的核心技术体系，带动集成电路、基础软件、核心元器件等薄弱环节实现根本性突破。积极争取并巩固新一代移动通信、下一代互联网等领域全球领先地位，着力构筑移动互联网、云计算、大数据、物联网等领域比较优势。

2. 加强前沿和基础研究。加快完善基础研究体制机制，强化企业创新主体地位和主导作用，面向信息通信技术领域的基础前沿技术、共性关键技术，加大科技攻关。遵循创新规律，着眼长远发展，超前规划布局，加大投资保障力度，为前沿探索提供长期支持。实施新一代信息技术创新国际交流项目。

3. 打造协同发展的产业生态。统筹基础研究、技术创新、产业发展与应用部署，加强产业链各环节协调互动。提高产品服务附加值，加速产业向价值链高端迁移。加强专利与标准前瞻性布局，完善覆盖知识产权、技术标准、成果转化、测试验证和产业化投资评估等环节的公共服务体系。

4. 培育壮大龙头企业。支持龙头企业发挥引领带动作用，联合高校和科研机构打造研发中心、技术产业联盟，探索成立核心技术研发投资公司，打通技术产业化的高效转化通道。深化上市发审制度改革，支持创新型企业在国内上市。支持企业在海外设立研发机构和开拓市场，有效利用全球资源，提升国际化发展水平。

5. 支持中小微企业创新。加大对科技型创新企业研发支持力度，落实企业研发费用加计扣除政策，适当扩大政策适用范围。完善技术交易和企业孵化机制，构建普惠性创新支持政策体系。完善公共服务平台，提高科技型中小微企业自主创新和可持续发展能力。

（二）夯实基础设施，强化普遍服务

泛在先进的基础设施是信息化发展的基石。要加快构建陆地、海洋、天空、太空立体覆盖的国家信息基础设施，不断完善普遍服务，让人们通过网络了解世界、掌握信息、摆脱贫困、改善生活、享有幸福。

6. 统筹规划基础设施布局。深化电信业改革，鼓励多种所有制企业有序参与竞争。统筹国家现代化建设需求，实现信息基础设施共建共享，推进区域和城乡协调发展。协调频谱资源配置，科学规划无线电频谱，提升资源利用效率。加强信息基础设施与市政、公路、铁路、机场等规划建设的衔接。支持港澳地区完善信息基础设施布局。

7. 增强空间设施能力。围绕通信、导航、遥感等应用卫星领域，建立持续稳定、安全可控的国家空间基础设施。科学规划和利用卫星频率和轨道资源。建设天地一体化信息网络，增强接入服务能力，推动空间与地面设施互联互通。统筹北斗卫星导航系统建设和应用，推进北斗产业化和走出去进程。加强陆地、大气、海洋遥感监测，提升对我国资源环境、生态保护、应急减灾、大众消费以及全球观测的服务保障能力。

8. 优化升级宽带网络。扩大网络覆盖范围，提高业务承载能力和应用服务水平，实现多制式网络和业务协调发展。加快下一代互联网大规模部署和商用，推进公众通信网、广播电视网和下一代互联网融合发展。加强未来网络长期演进的战略布局和技术储备，构建国家统一试验平台。积极开展第五代移动通信（5G）技术的研发、标准和产业化布局。

9. 提高普遍服务水平。科学灵活选择接入技术，分类推进农村网络覆盖。发达地区优先推进光纤到村。边远地区、林牧区、海岛等区域根据条件采用移动蜂窝、卫星通信等多种方式实现覆盖。居住分散、位置偏远、地理条件恶劣的地区可结合人口搬迁、集中安置实现网络接入。完善电信普遍服务补偿机制，建立支持农村和中西部地区宽带网络发展长效机制，推进网络提速降费，为社会困难群体运用网络创造条件。

（三）开发信息资源，释放数字红利

信息资源日益成为重要的生产要素和社会财富，信息掌握的多寡、信息能力的强弱成为衡量国家竞争力的重要标志。当前，我国信息资源开发利用不足与无序滥用的现象并存，要加强顶层设计和系统规划，完善制度体系，全面提升信息采集、处理、传输、利用、安全能力，构筑国家信息优势。

10. 加强信息资源规划、建设和管理。推动重点信息资源国家统筹规划和分类管理，增强关键信息资源掌控能力。完善基础信息资源动态更新和共享应用机制。创新部门业务系统建设运营模式，逐步实现业务应用与数据管理分离。统筹规划建设国家互联网大数据平台。逐步开展社会化交易型数据备份和认证，确保数据可追溯、可恢复。

11. 提高信息资源利用水平。建立公共信息资源开放目录，构建统一规范、互联互通、安全可控的国家数据开放体系，积极稳妥推进公共信息资源开放共享。发展信息资源市场，促进信息消费。引导和规范公共信息资源增值开发利用，支持市场主体利用全球信息资源开展业务创新。

12. 建立信息资源基本制度体系。探索建立信息资产权益保护制度，实施分级分类管理，形成重点信息资源全过程管理体系。加强采集管理和标准制定，提高信息资源准确性、可靠性和可用性。依法保护个人隐私、企业商业秘密，确保国家安全。研究制定信息资源跨境流动管理办法。

（四）优化人才队伍，提升信息技能

人才资源是第一资源，人才竞争是最终的竞争。要完善人才培养、选拔、使用、评价、激励机制，破除壁垒，聚天下英才而用之，为网信事业发展提供有力人才支撑。

13. 造就一批领军人才。依托国家重大人才工程，加大对信息化领军人才支持力度，培养造就世界水平的科学家、网络科技领军人才、卓越工程师、高水平创新团队和信息化管理人才。吸引和扶持海外高层次人才回国创新创业，建立海外人才特聘专家制度，对需要引进的特殊人才，降低永久居留权门槛，探索建立技术移民制度，提高我国在全球配置人才资源能力。

14. 壮大专业人才队伍。构建以高等教育、职业教育为主体，继续教育为补充的信息化专业人才培养体系。在普通本科院校和职业院校中设置信息技术应用课程。推广订单式人才培养，建立信息化人才培养实训基地。支持与海外高水平机构联合开展人才培养。

15. 完善人才激励机制。采取特殊政策，建立适应网信特点的人事制度、薪酬制度、人才评价机制，打破人才流动的体制界限。拓宽人才发现渠道，支持开展创新创业大赛、技能竞赛等活动，善用竞争性机制选拔特殊人才。完善技术入股、股权期权等激励方式，建立健全科技成果知识产权收益分配机制。

16. 提升国民信息技能。改善中小学信息化环境，推进信息化基础教育。全面开展国家工作人员信息化培训和考核。实施信息扫盲行动计划，发挥博士服务团、大学生村官、大学生志愿服务西部计划、"三支一扶"等项目的作用，为老少边穷地区和弱势群体提供知识和技能培训。

（五）深化合作交流，拓展发展空间

互联网真正让世界变成了地球村，让国际社会越来越成为你中有我、我中有你的命运共同体。要积极开展双边、多边国际交流合作，共同应对网络安全面临的挑战，共同维护网络空间的公平正义，共同分享全球信息革命的机遇和成果。

17. 深化国际合作交流。加强在联合国、二十国集团、金砖国家、亚太经济合作组织、上海合作组织等国际框架和多边机制内的协调配合，推动建立信息化领域国际互信对话机制。组织搭建合作渠道，建设全球信息化最佳实践推广平台。实施中美、中欧、中英、中德数字经济合作项目。

18. 参与国际规则制定。积极参与国际网络空间安全规则制定。巩固和发展区域标准化合作机制，积极争取国际标准化组织重要职位。在移动通信、下一代互联网、下一代广播电视网、云计算、大数据、物联网、智能制造、智慧城市、网络安全等关键技术和重要领域，积极参与国际标准制定。鼓励企业、科研机构、社会组织和个人积极融入国际开源社区。

19. 拓展国际发展空间。推进"一带一路"建设信息化发展，统筹规划海底光缆和跨境陆地光缆建设，提高国际互联互通水平，打造网上丝绸之路。加快推动与周边国家信息基础设施互联互通，打通经中亚到西亚、经南亚到印度洋、经俄罗斯到中东欧国家等陆上通道，积极推进美洲、欧洲、非洲等方向海底光缆建设。合作建设中国—中亚信息平台、中国—东盟信息港、中阿网上丝绸之路。统筹规划我国全球网络设施建设，支持企业拓展海外业务与节点布局，提升我国在全球网络中的影响力。

20. 共建国际网络新秩序。坚持尊重网络主权、维护和平安全、促进开放合作、构建良好秩序的原则，推动建立多边、民主、透明的国际互联网治理体系。积极参与和推进互联网名称与数字地址分配机构（ICANN）国际化改革。加强国际网络空间执法合作，推动制定网络空间国际反恐公约。健全打击网络犯罪司法协助机制，共同维护网络空间和平安全。

四、着力提升经济社会信息化水平

（一）培育信息经济，促进转型发展

加快建设数字中国、大力发展信息经济是信息化工作的重中之重。要围绕推进供给侧结构性改革，发挥信息化对全要素生产率的提升作用，培育发展新动力，塑造更多发挥先发优势的引领型发展，支撑我国经济向形态更高级、分工更优化、结构更合理的阶段演进。

21. 推进信息化和工业化深度融合。加快实施《中国制造2025》，推动工业互联网创新发展。以智能制造为突破口，加快信息技术与制造技术、产品、装备融合创新，推广智能工厂和智能制造模式，全面提升企业研发、生产、管理和服务的智能化水平。普及信息化和工业化融合管理体系标准，深化互联网在制造领域的应用，积极培育众创设计、网络众包、个性化定制、服务型制造等新模式，完善产业链，打造新型制造体系。

22. 加快推进农业现代化。把信息化作为农业现代化的制高点，推动信息技术和智能装备在农业生产经营中的应用，培育互联网农业，建立健全智能化、网络化农业生产经营体系，加快农业产业化进程。加强耕地、水、草原等重要资源和主要农业投入品联网监测，健全农业信息监测预警和服务体系，提高农业生产全过程信息管理服务能力，确保国家粮食安全和农产品质量安全。

23. 推进服务业网络化转型。支持运用互联网开展服务模式创新，加快传统服务业现代化进程，提高生活性服务业信息化水平。积极培育设计、咨询、金融、交通、物流、商贸等生产性服务业，推动现代服务业网络化发展。大力发展跨境电子商务，构建繁荣健康的电子商务生态系统。引导和规范互联网金融发展，有效防范和化解金融风险。发展分享经济，建立网络化协同创新体系。

24. 促进区域协调发展。转变城镇化发展方式，破解制约城乡发展的信息障碍，促进城镇化和新农村建设协调推进。加强顶层设计，提高城市基础设施、运行管理、公共服务和产业发展的信息化水平，分级分类推进新型智慧城市建设。实施以信息化推动京津冀协同发展、信息化带动长江经济带发展行动计划。支持港澳地区发展信息经济。

25. 夯实发展新基础。推进物联网设施建设，优化数据中心布局，加强大数据、云计算、宽带网络协同发展，增强应用基础设施服务能力。加快电力、民航、铁路、公路、水路、水利等公共基础设施的网络化和智能化改造。发挥信息化支撑作用，推动安全支付、信用体系、现代物流等新型商业基础设施建设，形成大市场、大流通、大服务格局，奠定经济发展新基石。

26. 优化政策环境。完善互联网企业资本准入制度，设立中国互联网投资基金，引导多元化投融资市场发展。发挥中国互联网发展基金会的作用，组建中国"互联网+"联盟，支持中小微互联网企业成长。深入推进简政放权、放管结合、优化服务。设立国家信息经济示范区。

（二）深化电子政务，推进国家治理现代化

适应国家现代化发展需要，更好用信息化手段感知社会态势、畅通沟通渠道、辅助科学决策。持续深化电子政务应用，着力解决信息碎片化、应用条块化、服务割裂化等问题，以信息化推进国家治理体系和治理能力现代化。

27. 服务党的执政能力建设。推进党委信息化工作，提升党委决策指挥的信息化保障能力。充分运用信息技术提高党员、干部、人才管理和服务的科学化水平。加强信息公开，畅通民主监督渠道，全面提高廉政风险防控和巡视工作信息化水平，增强权力运行的信息化监督能力。加强党内法规制度建设信息化保障，重视发挥互联网在党内法规制定和宣传中的作用。推进信息资源共享，提升各级党的部门工作信息化水平。

28. 提高政府信息化水平。完善部门信息共享机制，建立国家治理大数据中心。加强经济运行数据交换共享、处理分析和监测预警，增强宏观调控和决策支持能力。深化财政、税务信息化应用，支撑中央和地方财政关系调整，促进税收制度改革。推进人口、企业基础信息共享，有效支撑户籍制度改革和商事制度改革。推进政务公开信息化，加强互联网政务信息数据服务平台和便民服务平台建设，提供更加优质高效的网上政务服务。

29. 服务民主法治建设。建立健全网络信息平台，密切人大代表同人民群众的联系。加快政协信息化建设，推进协商民主广泛多层制度化发展。实施"科技强检"，推进检察工作现代化。建设"智慧法院"，提高案件受理、审判、执行、监督等各环节信息化水平，推动执法司法信息公开，促进司法公平正义。

30. 提高社会治理能力。加快创新立体化社会治安防控体系，提高公共安全智能化水平，全面推进平安中国建设。构建基层综合服务管理平台，推动政府职能下移，支持社区自治。依托网络平台，加强政民互动，保障公民知情权、参与权、表达权、监督权。推行网上受理信访，完善群众利益协调、权益保障机制。

31. 健全市场服务和监管体系。实施"多证合一"、"一照一码"制度，在海关、税务、工商、质检等领域推进便利化服务，加强事中事后监管与服务，实现服务前移、监管后移。以公民身份号码、法人和其他组织统一社会信用代码为基础，建立全国统一信用信息网络平台，构建诚信营商环境。建设食品药品、特种设备等重要产品信息化追溯体系，完善产品售后服务质量监测。加强在线即时监督监测和非现场监管执法，提高监管透明度。

32. 完善一体化公共服务体系。制定在线公共服务指南，支持各级政府整合服务资源，面向企业和公众提供一体化在线公共服务，促进公共行政从独立办事向协同治理转变。各部门要根据基层服务需求，开放业务系统和数据接口，推动电子政务服务向基层延伸。

33. 创新电子政务运行管理体制。建立强有力的国家电子政务统筹协调机制，制定电子政务管理办法，建立涵盖规划、建设、应用、管理、评价的全流程闭环管理机制。大力推进政府采购服务，试点推广政府和社会资本合作模式，鼓励社会力量参与电子政务建设。鼓励应用云计算技术，整合改造已建应用系统。

（三）繁荣网络文化，增强国家软实力

互联网是传播人类优秀文化、弘扬正能量的重要载体。要始终坚持社会主义先进文化前进方向，坚持正确舆论导向，遵循网络传播规律，弘扬主旋律，激发正能量，大力培育和践行社会主义核心价值观，发展积极向上的网络文化，把中国故事讲得愈来愈精彩，让中国声音愈来愈洪亮。

34. 提升网络文化供给能力。实施网络内容建设工程。加快文化资源数字化建设，提高网络文化生产的规模化、专业化水平。整合公共文化资源，构建公共文化服务体系，提升信息服务水平。引导社会力量积极开发适合网络传播特点、满足人们多样化需求的网络文化产品。

35. 提高网络文化传播能力。完善网络文化传播机制，构建现代文化传播体系。推动传统媒体和新兴媒体融合发展，有效整合各种媒介资源和生产要素。实施中华优秀文化网上传播工程，加强港澳地区网络传播能力建设，完善全球信息采集传播网络，逐步形成与我国国际地位相适应的网络国际传播能力。

36. 加强网络文化阵地建设。做大做强中央主要新闻网站和地方重点新闻网站，规范引导商业网站健康有序发展。推进重点新闻网站体制机制创新。加快党报党刊、通讯社、电台电视台数字化改造和技术升级。推动文化金融服务模式创新，建立多元网络文化产业投融资体系。鼓励优秀互联网企业和文化企业强强联合，培育一批具有国际影响力的新型文化集团、媒体集团。

37. 规范网络文化传播秩序。综合利用法律、行政、经济和行业自律等手段，规范网络信息传播秩序。坚决遏制违法有害信息网上传播，巩固壮大健康向上的主流舆论。完善网络文化服务市场准入和退出机制，加大网络文化管理执法力度，打击网络侵权盗版行为。

（四）创新公共服务，保障和改善民生

围绕人民群众最关心最直接最现实的利益问题，大力推进社会事业信息化，优化公共服务资源配置，降低应用成本，为老百姓提供用得上、用得起、用得好的信息服务，促进基本公共服务均等化。

38. 推进教育信息化。完善教育信息基础设施和公共服务平台，推进优质数字教育资源共建共享和均衡配置，建立适应教育模式变革的网络学习空间，缩小区域、城乡、校际差距。建立网络环境下开放学习模式，鼓励更多学校应用在线开放课程，探索建立跨校课程共享与学分认定制度。完善准入机制，吸纳社会力量参与大型开放式网络课程建设，支撑全民学习、终身教育。

39. 加快科研信息化。加强科研信息化管理，构建公开透明的国家科研资源管理和项目评价机制。建设覆盖全国、资源共享的科研信息化基础设施，提升科研信息服务水平。加快科研手段数字化进程，构建网络协同的科研模式，推动科研资源共享与跨地区合作，促进科技创新方式转变。

40. 推进智慧健康医疗服务。完善人口健康信息服务体系，推进全国电子健康档案和电子病历数据整合共享，实施健康医疗信息惠民行动，促进和规范健康医疗大数据应用发展。探索建立市场化远程医疗服务模式、运营机制和管理机制，促进优质医疗资源纵向流动。加强区域公共卫生服务资源整合，探索医疗联合体等新型服务模式。运用新一代信息技术，满足多元服务需求，推动医疗救治向健康服务转变。

41. 提高就业和社会保障信息化水平。推进就业和养老、医疗、工伤、失业、生育、保险等信息全国联网。建立就业创业信息服务体系，引导劳动力资源有序跨地区流动，促进充分就业。加快社会保障"一卡通"推广和升级，实行跨地区应用接入，实现社会保险关系跨地区转移接续和异地就医联网结算。加快政府网站信息无障碍建设，鼓励社会力量为残疾人提供个性化信息服务。

42. 实施网络扶贫行动计划。构建网络扶贫信息服务体系，加快贫困地区互联网建设步伐，扩大光纤网、宽带网有效覆盖。开展网络公益扶贫宣传，鼓励网信企业与贫困地区结对帮扶，开发适合民族边远地区特点和需求的移动应用，建立扶贫跟踪监测和评估信息系统。

（五）服务生态文明建设，助力美丽中国

建设生态文明是关乎人民福祉和民族未来的长远大计。要着力破解资源约束趋紧、环境污染严重、生态系统退化问题，构建基于信息化的新型生态环境治理体系，加快建设天蓝、地绿、水净的美丽中国。

43. 创新资源管理和利用方式。开展国家自然生态空间统一确权登记。整合自然生态空间数据，优化资源开发利用的空间格局和供应时序。完善自然资源监管体系，逐步实现全程、全覆盖动态监管，提高用途管制能力。探索建立废弃物信息管理和交易体系，形成再生资源循环利用机制。

44. 构建新型生态环境治理体系。健全环境信息公开制度。实施生态文明和环境保护监测信息化工程，逐步实现污染源、污染物、生态环境全时监测，提高区域流域环境污染联防联控能力。推动建立绿色低碳循环发展产业体系，鼓励有条件地区探索开展节能量、碳排放权、排污权、水权网上交易。利用信息技术提高生态环境修复能力，促进生态环境根本性改善。

（六）加快信息强军，构建现代军事力量体系

积极适应国家安全形势新变化、信息技术发展新趋势和强军目标新要求，坚定不移把信息化作为军队现代化建设发展方向，贯彻军民融合深度发展战略思想，在新的起点上推动军队信息化建设跨越发展。

45. 加强体系化建设。创新发展信息化军事理论，加强信息化建设集中统管，发挥作战需求牵引作用，推进机械化信息化有机融合。完善信息基础设施，推动指挥信息系统集成运用，加大信息资源开发利用力度，构建信息安全防御体系，全面提高打赢信息化局部战争能力。

46. 提高实战化训练水平。适应战争形态演变趋势，依托网络信息系统，开展以信息主导、体系对抗、精确作战、全域机动、网络防控为主要特征的检验性、对抗性演习，推进军事训

练向实战化转变，提高以夺取制信息权为核心的战场综合控制权能力。

47. 深化军事斗争准备。充分发挥信息化融合、渗透作用，深化国防和军队改革，推进军队组织形态现代化。健全国防信息动员领导管理体制机制，完善国防信息动员与应急保障预案。大力培养信息化作战指挥、信息技术专业、信息系统组织运用及操作维护等作战急需人才，不断增强官兵运用信息系统和信息化装备打胜仗的能力。

五、不断优化信息化发展环境

（一）推进信息化法治建设

依法推进信息化、维护网络安全是全面依法治国的重要内容。要以网络空间法治化为重点，发挥立法的引领和推动作用，加强执法能力建设，提高全社会自觉守法意识，营造良好的信息化法治环境。

48. 完善信息化法律框架。以网络立法为重点，加快建立以促进信息化发展和强化网络安全管理为目标，涵盖网络基础设施、网络服务提供者、网络用户、网络信息等对象的法律、行政法规框架。

49. 有序推进信息化立法进程。坚持急用先行，加快出台急需法律法规和规范性文件。强化网络基础设施保护，加快制定网络安全法、电信法、电子商务法，研究制定密码法。加强网络用户权利保护，研究制定个人信息保护法、未成年人网络保护条例。规范网络信息服务与管理，修订互联网信息服务管理办法。研究制定电子文件管理条例。完善司法解释，推动现有法律延伸适用到网络空间。

50. 加强执法能力建设。加强部门信息共享与执法合作,创新执法手段,形成执法合力。理顺网络执法体制机制,明确执法主体、执法权限、执法标准。

(二)加强网络生态治理

网络空间是亿万民众共同的精神家园。网络空间天朗气清、生态良好,符合人民利益。坚持正能量是总要求、管得住是硬道理,创新改进网上正面宣传,加强全网全程管理,建设为民、文明、诚信、法治、安全、创新的网络空间,使网络空间清朗起来。

51. 强化互联网管理。坚持积极利用、科学发展、依法管理、确保安全的方针,建立法律规范、行政监管、行业自律、技术保障、公众监督、社会教育相结合的网络治理体系。落实网络身份管理制度,建立网络诚信评价体系,健全网络服务提供者和网民信用记录,完善褒奖和惩戒机制。加强互联网域名、地址等基础资源管理,确保登记备案信息真实准确。强化网络舆情管理,对所有从事新闻信息服务、具有媒体属性和舆论动员功能的网络传播平台进行管理。依法完善互联网信息服务市场准入和退出机制。

52. 形成全社会参与的治理机制。坚持依法治网,加快建立政府引领,企业、社会组织、技术社群、公民共同参与、相互协作的互联网治理机制。强化互联网企业的主体责任,引导企业公平竞争、自我管理和改善服务。建立健全网络社会组织,充分发挥社会组织自我管理、自我监督作用。加强社会力量引导,积极培育"中国好网民"。

53. 维护公民合法权益。依法保护信息自由有序流动,切实保障公民基本权利和自由。全面规范企业和个人信息采集、存储、使用等行为，防范信息滥用。加强个人数据保护，依法打击网络违法犯罪。

（三）维护网络空间安全

树立正确的网络安全观，坚持积极防御、有效应对，增强网络安全防御能力和威慑能力，切实维护国家网络空间主权、安全、发展利益。

54. 维护网络主权和国家安全。依法管理我国主权范围内的网络活动，坚定捍卫我国网络主权。坚决防范和打击通过网络分裂国家、煽动叛乱、颠覆政权、破坏统一、窃密泄密等行为。

55. 确保关键信息基础设施安全。加快构建关键信息基础设施安全保障体系，加强党政机关以及重点领域网站的安全防护，建立政府、行业与企业网络安全信息有序共享机制。建立实施网络安全审查制度，对关键信息基础设施中使用的重要信息技术产品和服务开展安全审查。健全信息安全等级保护制度。

56. 强化网络安全基础性工作。加强网络安全基础理论研究、关键技术研发和技术手段建设，建立完善国家网络安全技术支撑体系，推进网络安全标准化和认证认可工作。提升全天候全方位感知网络安全态势能力，做好等级保护、风险评估、漏洞发现等基础性工作，完善网络安全监测预警和网络安全重大事件应急处置机制。实施网络安全人才工程，开展全民网络安全教育，提升网络媒介素养，增强全社会网络安全意识和防护技能。

六、体制保障和组织实施

要加强统筹协调，有力整合资源，形成推进合力，切实将各项战略任务落到实处，确保战略目标如期实现。

（一）强化组织领导。坚持中央网络安全和信息化领导小组对国家信息化发展的集中统一领导，信息化领域重大政策和事项须经领导小组审定。各级网络安全和信息化领导小组要加强统筹，研究解决本地区信息化发展中的重大问题。

（二）健全工作机制。中央网络安全和信息化领导小组办公室负责统筹协调本战略纲要的实施和督促检查。各级网络安全和信息化主管部门要充分发挥组织协调作用，加强部门、行业、区域、军地间合作，形成统一领导、分工合理、责任明确、运转顺畅的信息化推进机制。加快中国特色新型信息化智库建设，完善重大政策、重大项目专家咨询制度。

（三）完善配套政策。各地区各部门要将本战略纲要提出的任务与经济社会发展规划有效衔接、同步推进，制定好"十三五"信息化发展规划和相关专项规划。相关部门要加快完善产业、财税、金融、科技、教育等领域配套政策措施，加大财政投入和管理，重点支持关键性、基础性、公共性领域的信息化建设和网络安全保障。加大政府购买服务力度，创新信息化投融资机制，在信息化领域实行有利于商业运作、持续运营的政策，为社会投资参与创造条件。

（四）加强督促落实。各地区各部门要按照职责分工细化任务，明确时限，逐级落实。建立和完善信息化统计指标体系，加强信息化统计监测和评估工作，组织开展战略实施年度检查与绩效评估。加大信息化工作考核力度，将考核结果作为评价有关领导干部的内容。

"十三五"国家信息化规划

国务院关于印发"十三五"国家信息化规划的通知

国发〔2016〕73号

各省、自治区、直辖市人民政府，国务院各部委、各
直属机构：

现将《"十三五"国家信息化规划》印发给你们，
请认真贯彻执行。

国务院

2016 年 12 月 15 日

"十三五"时期是全面建成小康社会的决胜阶段，是信息通
信技术变革实现新突破的发轫阶段，是数字红利充分释放的扩
展阶段。信息化代表新的生产力和新的发展方向，已经成为引
领创新和驱动转型的先导力量。围绕贯彻落实"五位一体"总
体布局和"四个全面"战略布局，加快信息化发展，直面"后
金融危机"时代全球产业链重组，深度参与全球经济治理体系
变革；加快信息化发展，适应把握引领经济发展新常态，着力
深化供给侧结构性改革，重塑持续转型升级的产业生态；加快
信息化发展，构建统一开放的数字市场体系，满足人民生活新
需求；加快信息化发展，增强国家文化软实力和国际竞争力，
推动社会和谐稳定与文明进步；加快信息化发展，统筹网上网

下两个空间，拓展国家治理新领域，让互联网更好造福国家和人民，已成为我国"十三五"时期践行新发展理念、破解发展难题、增强发展动力、厚植发展优势的战略举措和必然选择。

本规划旨在贯彻落实"十三五"规划纲要和《国家信息化发展战略纲要》，是"十三五"国家规划体系的重要组成部分，是指导"十三五"期间各地区、各部门信息化工作的行动指南。

一、发展现状与形势

（一）发展成就。

党中央、国务院高度重视信息化工作。"十二五"时期特别是党的十八大之后，成立中央网络安全和信息化领导小组，通过完善顶层设计和决策体系，加强统筹协调，作出实施网络强国战略、大数据战略、"互联网+"行动等一系列重大决策，开启了信息化发展新征程。各地区、各部门扎实工作、开拓创新，我国信息化取得显著进步和成就。

信息基础设施建设实现跨越式发展，宽带网络建设明显加速。截至 2015 年底，我国网民数达到 6.88 亿，互联网普及率达到 50.3%，互联网用户、宽带接入用户规模位居全球第一。第三代移动通信网络（3G）覆盖全国所有乡镇，第四代移动通信网络（4G）商用全面铺开，第五代移动通信网络（5G）研发步入全球领先梯队，网络提速降费行动加快推进。三网融合在更大范围推广，宽带广播电视和有线无线卫星融合一体化建设稳步推进。北斗卫星导航系统覆盖亚太地区。

信息产业生态体系初步形成，重点领域核心技术取得突破。集成电路实现 28 纳米（nm）工艺规模量产，设计水平迈向 16/14nm。"神威8 太湖之光3 超级计算机继"天河二号"后蝉联世界超级计算机 500 强榜首。高世代液晶面板生产线建设取得重大进展，迈向 10.5 代线。2015 年，信息产业收入规模达到 17.1 万亿元，智能终端、通信设备等多个领域的电子信息产品产量居全球第一，涌现出一批世界级的网信企业。

网络经济异军突起，基于互联网的新业态新模式竞相涌现。2015 年，电子商务交易额达到 21.79 万亿元，跃居全球第一。"互联网+"蓬勃发展，信息消费大幅增长，产业互联网快速兴起，从零售、物流等领域逐步向一二三产业全面渗透。网络预约出租汽车、大规模在线开放课程（慕课）等新业态新商业模式层出不穷。

电子政务应用进一步深化，网络互联、信息互通、业务协同稳步推进。统一完整的国家电子政务网络基本形成，基础信息资源共享体系初步建立，电子政务服务不断向基层政府延伸，政务公开、网上办事和政民互动水平显著提高，有效促进政府管理创新。

社会信息化水平持续提升，网络富民、信息惠民、服务便民深入发展。信息进村入户工程取得积极成效，互联网助推脱贫攻坚作用明显。大中小学各级教育机构初步实现网络覆盖。国家、省、市、县四级人口健康信息平台建设加快推进，电子病历普及率大幅提升，远程会诊系统初具规模。医保、社保即时结算和跨区统筹取得新进展，截至 2015 年底，社会保障卡持卡人数达到 8.84 亿人。

网络安全保障能力显著增强，网上生态持续向好。网络安全审查制度初步建立，信息安全等级保护制度基本落实，网络安全体制机制逐步完善。国家关键信息基础设施安全防护水平明显提升，国民网络安全意识显著提高。发展了中国特色社会主义治网之道，网络文化建设持续加强，互联网成为弘扬社会主义核心价值观和中华优秀传统文化的重要阵地，网络空间日益清朗。

网信军民融合体系初步建立，技术融合、产业融合、信息融合不断深化。网信军民融合顶层设计、战略统筹和宏观指导得到加强，实现了集中统一领导和决策，一批重大任务和重大工程落地实施。军民融合式网信产业基础进一步夯实，初步实现网络安全联防联控、网络舆情军地联合管控，信息基础设施共建合用步伐加快。

网络空间国际交流合作不断深化，网信企业走出去步伐明显加快。成功举办世界互联网大会、中美互联网论坛、中英互联网圆桌会议、中国—东盟信息港论坛、中国—阿拉伯国家网上丝绸之路论坛、中国—新加坡互联网论坛。数字经济合作成为多边、双边合作新亮点。一批网信企业加快走出去，积极参与"一带一路"沿线国家信息基础设施建设。跨境电子商务蓬勃发展，年增速持续保持在30%以上。

"十二五"信息化发展基本情况

指　　　标	规划目标		实现情况	
	2015 年	年均增长（％）	2015 年	年均增长（％）
总体发展水平				
1. 信息化发展指数	>79	—	72.45	—
信息技术与产业				
2. 集成电路芯片规模生产工艺（纳米）	32/28		28	—
3. 信息产业收入规模（万亿元）	16	10	17.1	13

指　标	规划目标		实现情况	
	2015 年	年均增长（%）	2015 年	年均增长（%）
信息基础设施				
4. 网民数量（亿）	8.5	13.2	6.88	8.5
5. 固定互联网宽带接入用户（亿户）	>2.7	>15.7	2.1	10.1
6. 光纤入户用户数（亿户）	>0.77	>103.6	1.2	126.8
7. 城市家庭宽带接入能力（Mbps）	20	38.0	20	38.0
8. 农村家庭宽带接入能力（Mbps）	4	14.9	4	14.9
9. 县级以上城市有线广播电视网络实现双向化率（%）	80	〔55〕	53	〔28〕
10. 互联网国际出口带宽（Tbps）	6.5	42.7	3.8	37.5
信息经济				
11. 制造业主要行业大中型企业关键工序数（自）控化率（%）	>70	>6.08	70	6.08
12. 电子商务交易规模（万亿元）	>18	>31.7	21.79	35.5
信息服务				
13. 中央部委和省级政务部门主要业务信息化覆盖率（%）	>85	〔>15〕	90.8	〔20.8〕
14. 地市级政务部门主要业务信息化覆盖率（%）	70	〔30〕	76.8	〔36.8〕
15. 县级政务部门主要业务信息化覆盖率（%）	50	〔25〕	52.5	〔27.5〕

指　标	规划目标		实现情况	
	2015 年	年均增长（%）	2015 年	年均增长（%）
16. 电子健康档案城乡居民覆盖率（%）	>70	〔>30〕	75	〔35〕
17. 社会保障卡持卡人数（亿）	8	50.7	8.84	53.7

注：〔 〕表示五年累计数，单位为百分点。

（二）发展形势。

"十三五"时期，全球信息化发展面临的环境、条件和内涵正发生深刻变化。从国际看，世界经济在深度调整中曲折复苏、增长乏力，全球贸易持续低迷，劳动人口数量增长放缓，资源环境约束日益趋紧，局部地区地缘博弈更加激烈，全球性问题和挑战不断增加，人类社会对信息化发展的迫切需求达到前所未有的程度。同时，全球信息化进入全面渗透、跨界融合、加速创新、引领发展的新阶段。信息技术创新代际周期大幅缩短，创新活力、集聚效应和应用潜能裂变式释放，更快速度、更广范围、更深程度地引发新一轮科技革命和产业变革。物联网、云计算、大数据、人工智能、机器深度学习、区块链、生物基因工程等新技术驱动网络空间从人人互联向万物互联演进，数字化、网络化、智能化服务将无处不在。现实世界和数字世界日益交汇融合，全球治理体系面临深刻变革。全球经济体普遍把加快信息技术创新、最大程度释放数字红利，作为应对"后金融危机"时代增长不稳定性和不确定性、深化结构性改革和推动可持续发展的关键引擎。

从国内看，我国经济发展进入新常态，正处于速度换挡、结构优化、动力转换的关键节点，面临传统要素优势减弱和国际竞争加剧双重压力，面临稳增长、促改革、调结构、惠民生、防风险等多重挑战，面临全球新一轮科技产业革命与我国经济转型、产业升级的历史交汇，亟需发挥信息化覆盖面广、渗透性强、带动作用明显的优势，推进供给侧结构性改革，培育发展新动能，构筑国际竞争新优势。从供给侧看，推动信息化与实体经济深度融合，有利于提高全要素生产率，提高供给质量和效率，更好地满足人民群众日益增长、不断升级和个性化的需求；从需求侧看，推动互联网与经济社会深度融合，创新数据驱动型的生产和消费模式，有利于促进消费者深度参与，不断激发新的需求。

同时，我国信息化发展还存在一些突出短板，主要是：技术产业生态系统不完善，自主创新能力不强，核心技术受制于人成为最大软肋和隐患；互联网普及速度放缓，贫困地区和农村地区信息基础设施建设滞后，针对留守儿童、残障人士等特殊人群的信息服务供给薄弱，数字鸿沟有扩大风险；信息资源开发利用和公共数据开放共享水平不高，政务服务创新不能满足国家治理体系和治理能力现代化的需求；制约数字红利释放的体制机制障碍仍然存在，与先进信息生产力相适应的法律法规和监管制度还不健全；网络安全技术、产业发展滞后，网络安全制度有待进一步完善，一些地方和部门网络安全风险意识淡薄，网络空间安全面临严峻挑战。

综合研判，"十三五"时期是信息化引领全面创新、构筑国家竞争新优势的重要战略机遇期，是我国从网络大国迈向网络强国、成长为全球互联网引领者的关键窗口期，是信息技术从跟跑并跑到并跑领跑、抢占战略制高点的激烈竞逐期，也是信息化与经济社会深度融合、新旧动能充分释放的协同迸发期。必须认清形势，树立全球视野，保持战略定力，增强忧患意识，加强统筹谋划，着力补齐短板，主动顺应和引领新一轮信息革命浪潮，务求在未来五到十年取得重大突破、重大进展和重大成果，在新的历史起点上开创信息化发展新局面。

二、总体要求

（一）指导思想。

全面贯彻党的十八大和十八届三中、四中、五中、六中全会精神，深入贯彻习近平总书记系列重要讲话精神，认真落实党中央、国务院决策部署，按照"五位一体"总体布局和"四个全面"战略布局，牢固树立创新、协调、绿色、开放、共享的发展理念，着力补齐核心技术短板，全面增强信息化发展能力；着力发挥信息化对经济社会发展的驱动引领作用，培育发展新动能，拓展网络经济空间，壮大网络信息等新兴消费，全面提升信息化应用水平；着力满足广大人民群众普遍期待和经济社会发展关键需要，重点突破，推动信息技术更好服务经济升级和民生改善；着力深化改革，激发创新活力，主动防范和化解风险，全面优化信息化发展环境。坚定不移走中国特色信息化发展道路，实施网络强国战略，让信息化更好造福国家和人民，为如期全面建成小康社会提供强大动力。

（二）主要原则。

坚持以惠民为宗旨。把增进人民福祉、促进人的全面发展作为信息化发展的出发点和落脚点，着力发挥信息化促进公共资源优化配置的作用，以信息化提升公共治理和服务水平，促进人民生活水平和质量普遍提高。

坚持全面深化改革。正确处理政府和市场关系，坚持发挥市场在资源配置中的决定性作用，更好发挥政府作用，破除不利于信息化创新发展的体制机制障碍，激发创新活力，加强法治保障，释放数字红利，为经济社会发展提供持续动力。

坚持服务国家战略。围绕推进"一带一路"建设、京津冀协同发展、长江经济带发展等国家战略和经济、政治、文化、社会、生态、国防等重大需求，发挥信息化引领和支撑作用，做到国家利益在哪里、信息化就覆盖到哪里。

坚持全球视野发展。把握全球信息技术创新发展趋势和前沿动态，增强我国在全球范围配置人才、资金、技术、信息的能力，超前布局、加速赶超，积极推动全球互联网治理体系变革，提高我国国际话语权。

坚持安全与发展并重。树立科学的网络安全观，正确处理安全和发展的关系，坚持安全和发展双轮驱动，以安全保发展，以发展促安全，推动网络安全与信息化发展良性互动、互为支撑、协调共进。

（三）发展目标。

到2020年，"数字中国"建设取得显著成效，信息化发展水平大幅跃升，信息化能力跻身国际前列，具有国际竞争力、安全可控的信息产业生态体系基本建立。信息技术和经济社会发展深度融合，数字鸿沟明显缩小，数字红利充分释放。信息化全面支撑党和国家事业发展，促进经济社会均衡、包容和可持续发展，为国家治理体系和治理能力现代化提供坚实支撑。

核心技术自主创新实现系统性突破。信息领域核心技术设备自主创新能力全面增强，新一代网络技术体系、云计算技术体系、端计算技术体系和安全技术体系基本建立。集成电路、基础软件、核心元器件等关键薄弱环节实现系统性突破。5G技术研发和标准制定取得突破性进展并启动商用。云计算、大数据、物联网、移动互联网等核心技术接近国际先进水平。部分前沿技术、颠覆性技术在全球率先取得突破，成为全球网信产业重要领导者。

信息基础设施达到全球领先水平。"宽带中国"战略目标全面实现，建成高速、移动、安全、泛在的新一代信息基础设施。固定宽带家庭普及率达到中等发达国家水平，城镇地区提供1000兆比特/秒（Mbps）以上接入服务能力，大中城市家庭用户带宽实现100Mbps以上灵活选择；98%的行政村实现光纤通达，有条件的地区提供100Mbps以上接入服务能力，半数以上农村家庭用户带宽实现50Mbps以上灵活选择；4G网络覆盖城乡，网络提速降费取得显著成效。云计算数据中心和内容分发网络实现优化布局。国际网络布局能力显著增强，互联网国际出口带宽达到20太比特/秒（Tbps），通达全球主要国家和地区的高速信息网络基本建成，建成中国—东盟信息港、中国—阿拉伯国家等网上丝绸之路。北斗导航系统覆盖全球。有线、无线、卫星广播电视传输覆盖能力进一步增强，基本实现广播电视户户通。

信息经济全面发展。信息经济新产业、新业态不断成长，信息消费规模达到6万亿元，电子商务交易规模超过38万亿元，信息化和工业化融合发展水平进一步提高，重点行业数字化、网络化、智能化取得明显进展，网络化协同创新体系全面形成。打破信息壁垒和孤岛，实现各部门业务系统互联互通和信息跨部门跨层级共享共用，公共数据资源开放共享体系基本建立，面向企业和公民的一体化公共服务体系基本建成，电子政务推动公共服务更加便捷均等。电信普遍服务补偿机制进一步完善，网络扶贫成效明显，宽带网络覆盖90%以上的贫困村。

信息化发展环境日趋优化。网络空间法治化进程全面推进，网络空间法律法规体系日趋完善，与信息社会相适应的制度体系基本建成，网信领域军民深度融合迈上新台阶。信息通信技术、产品和互联网服务的国际竞争力明显增强，网络空间国际话语权大幅提升。网络内容建设工程取得积极进展，媒体数字化建设成效明显。网络违法犯罪行为得到有力打击，网络空间持续清朗。信息安全等级保护制度得到全面落实。关键信息基础设施得到有效防护，网络安全保障能力显著提升。

"十三五"信息化发展主要指标

指　　标	2015 年	2020 年	年均增速（%）
总体发展水平			
1. 信息化发展指数	72. 45	88	——
信息技术与产业			
2. 信息产业收入规模（万亿元）	17. 1	26. 2	8. 9
3. 国内信息技术发明专利授权数（万件）	11. 0	15. 3	6. 9
4. IT 项目投资占全社会固定资产投资总额的比例（%）	2. 2	5〔2.8〕	

续表

指　　标	2015 年	2020 年	年均增速（%）
信息基础设施			
5. 光纤入户用户占总宽带用户的比率（%）	56	80	〔24〕
6. 固定宽带家庭普及率（%）	40	70	〔30〕
7. 移动宽带用户普及率（%）	57	85	〔28〕
8. 贫困村宽带网络覆盖率（%）	78	90	〔12〕
9. 互联网国际出口带宽（Tbps）	3.8	20	39.4
信息经济			
10. 信息消费规模（万亿元）	3.2	6	13.4
11. 电子商务交易规模（万亿元）	21.79	>38	>11.8
12. 网络零售额（万亿元）	3.88	10	20.8
信息服务			
13. 网民数量（亿）	6.88	>10	>7.8
14. 社会保障卡普及率（%）	64.6	90	〔25.4〕
15. 电子健康档案城乡居民覆盖率（%）	75	90	〔15〕
16. 基本公共服务事项网上办理率（%）	20	80	〔60〕
17. 电子诉讼占比（%）	<1	>15	〔>14〕

注：〔　〕表示五年累计数，单位为百分点。

三、主攻方向

统筹实施网络强国战略、大数据战略、"互联网+"行动，整合集中资源力量，紧密结合大众创业万众创新、"中国制造2025"，着力在引领创新驱动、促进均衡协调、支撑绿色低碳、深化开放合作、推动共建共享、主动防范风险等方面取得突破，为深化改革开放、推进国家治理体系和治理能力现代化提供数字动力引擎。

（一）引领创新驱动，培育发展新动能。

全面助力创新型国家建设。聚焦构筑国家先发优势，发挥信息化引领创新的先导作用，全面推进技术创新、产业创新、业态创新、产品创新、市场创新和管理创新。推动信息技术与制造、能源、材料、生物等技术融合渗透，催生新技术，打造新业态。构建跨行业、跨区域、跨部门的创新网络，建立线上线下结合的开放式创新服务载体，整合利用创新资源，增强创新要素集聚效应。

拓展网络经济空间。建设高速、移动、安全、泛在的新一代信息基础设施，打通经济社会发展信息"大动脉"。解放和发展信息生产力，以信息流带动技术流、资金流、人才流、物资流，激发创业就业，优化资源配置，提升全要素生产率，提高经济发展质量和效益，推动经济持续增长。

创造激励创新的发展环境。加快构建适应信息时代跨界创新、融合创新和迭代创新的体制机制，打破部门和行业信息壁垒，推进简政放权、放管结合、优化服务改革，降低制度性交易成本，优化营商环境，夯实企业创新主体、研发主体地位。完善人才激励机制，赋予创新领军人才更大的人财物支配权和技术路线决定权，激发创新活力。

（二）促进均衡协调，优化发展新格局。

驱动新旧动能接续转换。以信息化改造提升传统动能，促进去产能、去库存、去杠杆、降成本、补短板，提高供给体系的质量和效率。以信息化培育新动能，加快基于互联网的各类创新，构建现代产业新体系，用新动能推动新发展。建立公平、透明、开放、诚信、包容的数字市场体系，促进新兴业态和传统产业协调发展，推动社会生产力水平整体提升。

支撑区域协调发展。依托区域优势，强化区域间信息基础设施互联互通和信息资源共建共享，促进要素跨地区跨部门跨行业有序流动、资源优化配置和环境协同治理，优化区域生产力布局，促进区域协调发展。立足西部开发、东北振兴、中部崛起和东部率先的区域发展总体战略和"一带一路"建设、京津冀协同发展、长江经济带发展等重大国家战略，实施区域信息化一体化发展行动，提高区域协同治理和服务水平。

推动基本公共服务城乡覆盖。发挥信息化辐射和带动作用，以远程化、网络化等提高基本公共服务的覆盖面和均等化水平。重点围绕教育文化、医疗卫生、社会保障、住房保障等民生领域，构筑立体化、全方位、广覆盖的信息服务体系，扩大公共服务和产品供给，创新服务方式和手段，为城乡居民提供均等、高效、优质的公共服务。

促进经济建设和国防建设融合发展。建设军民一体、平战结合、攻防兼备的网络安全体系，夯实军地资源优化配置、合理共享、技术兼容、优势互补的信息化发展基础，以信息化促进经济领域和国防领域技术、人才、资金等要素交流，构建全要素、多领域、高效益的军民深度融合发展格局。

（三）支撑绿色低碳，构建发展新模式。

发展绿色生产模式。加快信息化和生态文明建设深度融合，利用新一代信息技术，促进产业链接循环化、生产过程清洁化、资源利用高效化、能源消耗清洁化、废物回收网络化。推广智能制造、绿色制造、能源互联网、智慧物流等，发展循环经济，促进一二三产业朝高端、智能、绿色的方向发展。积极推广节能减排新技术在信息通信行业的应用，加快推进数据中心、基站等高耗能信息载体的绿色节能改造。

推广绿色生活方式。以信息化促进资源节约集约循环利用，加强信息化与绿色化在城市管理、公共服务、居民生活等方面的融合应用，倡导可持续发展理念，发展分享经济，促进绿色消费。加快普及网络购物、在线教育、远程医疗、智慧交通、数字家庭、全民健身信息服务等，壮大信息消费，倡导绿色低碳、文明健康的生活方式，促进人与自然和谐共生。

创新生态环境治理模式。以解决生态环境领域突出问题为重点，深化信息技术在生态环境综合治理中的应用，促进跨流域、跨区域联防联控，实现智能监管、及时预警、快速响应，提升突发生态环境事件应对能力。全面推进环境信息公开，支持建立政府、企业、公众共同参与的生态环境协同治理体系。

（四）深化开放合作，拓展发展新空间。

促进双向开放合作。发挥互联网在促进国际国内要素有序流动、资源高效配置、市场深度融合中的作用，建立企业全球化发展信息服务体系，提供全球政策法规、财税、金融、投融资、风险评估等信息服务，支持企业全球化发展。有序扩大网信开放领域，有效引进境外资金和先进技术，强化互利共赢。

服务"一带一路"建设。坚持共商共建共享，促进网络互联、信息互通，推动共建网上丝绸之路，推进数字经济、信息技术等合作，促进沿线国家和地区政策沟通、设施联通、贸易畅通、资金融通、民心相通。支持港澳地区网络基础设施建设和信息经济发展，发挥港澳地区在推进"一带一路"建设中的重要作用。

推动全球互联网治理体系变革。坚持尊重网络主权、维护和平安全、促进开放合作、构建良好秩序，积极参与全球网络基础设施建设，打造网上文化交流共享平台，推动网络经济创新发展，保障网络安全，推动建立多边、民主、透明的全球互联网治理体系。主动提出中国方案，加快共同制定国际信息化标准和规则。

（五）推动共建共享，释放发展新红利。

增强特殊类型地区发展后劲。大力推进革命老区、民族地区、边疆地区、贫困地区的网络基础设施建设，为人民群众提供用得上、用得起、用得好的信息服务。发挥互联网在助推脱贫攻坚中的作用，以信息化推进精准扶贫、精准脱贫，培育特色优势产业，增强造血功能，促进人民生活明显改善。

构建面向特殊人群的信息服务体系。针对孤寡老人、留守儿童、困境儿童、残障人士、流动人口、受灾人员、失独家庭等特殊人群的实际需求，整合利用网络设施、移动终端、信息内容、系统平台、公共服务等，积极发展网络公益，统筹构建国家特殊人群信息服务体系，提供精准优质高效的公共服务。

提升边疆地区互联网服务能力。利用互联网充分宣传国家方针政策，丰富信息内容服务，确保及时传递到边疆、基层和每一个居民。普及农业科技、文化、商务、交通、医疗、教育等信息化应用，优化边疆地区生产力布局，打造一批有特色、可持续发展的"数字走廊"，促进边疆地区开发开放。

（六）防范安全风险，夯实发展新基石。

主动防范和化解新技术应用带来的潜在风险。正确认识网络新技术、新应用、新产品可能带来的挑战，提前应对工业机器人、人工智能等对传统工作岗位的冲击，加快提升国民信息技能，促进社会就业结构调整平滑过渡。提高网络风险防控能力，以可控方式和节奏主动释放互联网可能引发的经济社会风险，维护社会和谐稳定。

提升网络安全保障能力。落实网络安全责任制，促进政府职能部门、企业、社会组织、广大网民共同参与，共筑网络安全防线。加强国家网络安全顶层设计，深化整体、动态、开放、相对、共同的安全理念，提升网络安全防护水平，有效应对网络攻击。

构建网络空间良好氛围。牢牢把握正确导向，创新舆论引导新格局，完善网络生态综合治理机制，加强网络内容建设，增强网络文化产品和服务供给能力，构建向上向善的网上舆论生态。坚持依法治网、依法办网、依法上网，加强网络违法犯罪监控和查处能力建设，依法严格惩治网络违法犯罪行为，建设健康、绿色、安全、文明的网络空间。

促进互联网企业健康发展。坚持鼓励支持和规范发展并重，引导互联网企业维护国家利益，坚守社会道德底线，加快自身发展，服务人民群众。依法防范和治理互联网市场恶性竞争、滥用市场支配地位、损害群众利益等问题，强化对互联网企业数据监管，确保数据安全，保障广大网民合法权益。

四、重大任务和重点工程

着力增强以信息基础设施体系为支撑、信息技术产业生态体系为牵引、数据资源体系为核心的国家信息化发展能力，着力提高信息化在驱动经济转型升级、推进国家治理体系和治理能力现代化、推动信息惠民、促进军民深度融合发展等重点领域的应用水平，着力优化支持网信企业全球化发展、网络空间治理、网络安全保障等的发展环境，加快推动我国信息化水平和安全支撑能力大幅提升。

（一）构建现代信息技术和产业生态体系。

打造自主先进的技术体系。制定网络强国战略工程实施纲要，以系统思维构建新一代网络技术体系、云计算体系、安全技术体系以及高端制造装备技术体系，协同攻关高端芯片、核心器件、光通信器件、操作系统、数据库系统、关键网络设备、高端服务器、安全防护产品等关键软硬件设备，建设战略清晰、技术先进、产业领先、安全可靠的网络强国。统筹经济、政治、文化、社会、生态文明等领域网络安全和信息化发展，增强自主创新能力。

强化战略性前沿技术超前布局。立足国情，面向世界科技前沿、国家重大需求和国民经济主要领域，坚持战略导向、前沿导向和安全导向，重点突破信息化领域基础技术、通用技术以及非对称技术，超前布局前沿技术、颠覆性技术。加强量子通信、未来网络、类脑计算、人工智能、全息显示、虚拟现实、大数据认知分析、新型非易失性存储、无人驾驶交通工具、区块链、基因编辑等新技术基础研发和前沿布局，构筑新赛场先发主导优势。加快构建智能穿戴设备、高级机器人、智能汽车等新兴智能终端产业体系和政策环境。鼓励企业开展基础性前沿性创新研究。

专栏1　核心技术超越工程

制定网络强国工程实施纲要。列出核心技术发展的详细清单和规划，实施一批重大项目，加快科技创新成果向现实生产力转化，形成梯次接续的系统布局。攻克高端通用芯片、集成电路装备、基础软件、宽带移动通信等方面的关键核心技术，形成若干战略性先导技术和产品。

大力推进集成电路创新突破。加大面向新型计算、5G、智能制造、工业互联网、物联网的芯片设计研发部署，推动32/28nm、16/14nm工艺生产线建设，加快10/7nm工艺技术研发，大力发展芯片级封装、圆片级封装、硅通孔和三维封装等研发和产业化进程，突破电子设计自动化（EDA）软件。

提升云计算设备和网络设备的核心竞争力。重点突破高端处理器、存储芯片、I/O芯片等核心器件，以及计算资源虚拟化、软件定义网络、超高速远程智能光传输等关键技术。大力推进高端服务器、智能终端设备、存储设备、网络与通信设备、工控设备及安全防护设备等的开发与产业化。

提高基础软件和重点应用软件自主研发水平。推进云操作系统、智能终端操作系统、嵌入式操作系统及相关领域的应用软件研发。面向重点工业领域，研制工控操作系统以及涵盖全生命周期的行业应用软件。

推进智能硬件、新型传感器等创新发展。提升可穿戴设备、智能家居、智能车载等领域智能硬件技术水平。加快高精度、低功耗、高可靠性传感器的研发和应用。

建立国家信息领域重大项目及关键技术引进报告制度。统筹信息化领域重大项目、重大科技攻关、重大技术引进的管理。

推动产业协同创新。统筹基础研究、技术创新、产业发展、市场应用、标准制定与网络安全各环节联动协调发展，强化创新链整合协同、产业链协调互动和价值链高效衔接，打通技术创新成果应用转化通道。引导和支持产学研用深度融合，推动龙头企业和科研机构成立开源技术研发团队，支持科技型中小企业发展，构建产学研用协同创新集群。加快新一代信息技术相关标准制定和专利布局。探索完善资本型协作机制，建立核心技术研发投资公司，发挥龙头企业优势，带动中小企业发展，增强上游技术研发与下游推广应用的协同互动效应。深化安全可靠应用部署，加快构建开放自主的产业生态，培育一大批龙头企业，夯实产业基础。

专栏 2　信息产业体系创新工程

构建先进、安全、可控的核心技术与产品体系。围绕云计算与大数据、新一代信息网络、智能终端及智能硬件三大领域，提升体系化创新能力。

完善开发核心技术的生态环境。增强底层芯片、核心器件与上层基础软件、应用软件的适配性，全面布局核心技术的知识产权，发挥资本市场对技术产业的积极作用。

创新核心技术突破的激励机制。探索关键核心技术的市场化揭榜攻关机制。加强产学研用协调，统筹利用国家科技计划（专项、基金等）、信息领域重大科学基础设施，按规定支持关键核心技术研发和重大技术试验验证，强化关键共性技术研发供给。

支持开源社区创新发展。鼓励我国企业积极加入国际重大核心技术的开源组织，从参与者发展为重要贡献者，在优势技术领域争当发起者，积极维护我国相关标准专利在国际开源组织中的权益。

培育核心技术创新企业。培育一批核心技术能力突出、集成创新能力强、引领重要产业发展的创新型企业，力争一批企业进入全球 500 强。

（二）建设泛在先进的信息基础设施体系。

加快高速宽带网络建设。加快光纤到户网络改造和骨干网优化升级，扩大 4G 网络覆盖，开展 5G 研发试验和商用，主导形成 5G 全球统一标准。推进下一代互联网演进升级，加快实施下一代互联网商用部署。全面推进三网融合，基本建成技术先进、高速畅通、安全可靠、覆盖城乡、服务便捷的宽带网络基础设施体系，消除宽带网络接入"最后一公里"瓶颈，进一步推进网络提速降费。推进下一代广播电视网建设和有线无线卫星融合一体化建设，推进广播电视融合媒体制播云、服务云建设，构建互联互通的广播电视融合媒体云。

建设陆海空天一体化信息基础设施。建立国家网络空间基础设施统筹协调机制，推动信息基础设施建设、应用和管理。加快空间互联网部署，整合基于卫星的天基网络、基于海底光缆的海洋网络和传统的陆地网络，实施天基组网、地网跨代，推动空间与地面设施互联互通，构建覆盖全球、无缝连接的天地空间信息系统和服务能力。持续推进北斗系统建设和应用，加快构建和完善北斗导航定位基准站网。积极布局浮空平台、低轨卫星通信、空间互联网等前沿网络技术。加快海上和水下通信技术的研发和推广，增强海洋信息通信能力、综合感知能力、信息分析处理能力、综合管控运维能力、智慧服务能力，推动智慧海洋工程建设。

专栏3　陆海空天一体化信息网络工程

陆地网络设施建设。继续加快光纤到户网络改造，推进光网城市建设，加快推进光缆到行政村，加快4G网络的深度覆盖和延伸覆盖。探索推进互联网交换中心试点，进一步优化互联网骨干网络架构，推动网间带宽持续扩容。适度超前部署超大容量光传输系统、高性能路由设备和智能管控设备。推动广播电视宽带骨干网、接入网建设，采取有线、无线、卫星相结合的方式，推进广播电视宽带网向行政村和有条件的自然村延伸。

海基网络设施建设。统筹海底光缆网络与陆地网络协调发展，构建连接海上丝绸之路战略支点城市的海底网络。加强大型海洋岛屿海底电缆连接建设。积极研究推动海洋综合观测网络由近岸向近海和中远海拓展，由水面向水下和海底延伸。推进海上公用宽带无线网络部署，发展中远距水声通信装备。

空天网络设施建设。综合利用北斗导航、卫星、浮空平台和飞机遥感遥测系统，积极推进地面配套设施协调建设和军民融合发展，尽快形成全球服务能力。加快高轨和低轨宽带卫星研发和部署，积极开展卫星空间组网示范，构建覆盖全球的天基信息网络。

海外网络设施布局。畅通"一带一路"信息通道，连接经巴基斯坦、缅甸等国到印度洋、经中亚到西亚、经俄罗斯到中东欧国家的陆地信息通道。积极参与面向美洲、欧洲、东南亚和非洲方向海底光缆建设，完善海上信息通道布局，鼓励在"一带一路"沿线节点城市部署数据中心、云计算平台和内容分发网络（CDN）平台等设施。

统筹应用基础设施建设和频谱资源配置。适度超前布局、集约部署云计算数据中心、内容分发网络、物联网设施，实现应用基础设施与宽带网络优化匹配、有效协同。支持采用可再生能源和节能减排技术建设绿色云计算数据中心。推进信息技术广泛运用，加快电网、铁路、公路、水利等公共设施和市政基础设施智能化转型。建设完善国家应急通信保障体系。加强无线电频谱管理，维护安全有序的电波秩序。合理规划利用卫星频率和轨道资源，提高频率使用率，满足国家重大战略和相关行业用频需求。

加快农村及偏远地区网络覆盖。充分发挥中央财政资金引导作用，深入开展电信普遍服务试点工作，引导企业承担市场主体责任，推进未通宽带行政村光纤建设，对已通宽带但接入能力低于12Mbps的行政村进行光纤升级改造。利用中央基建投资，实施宽带乡村和中西部地区中小城市基础网络完善工程，加大对边远地区及贫困地区的网络覆盖与投资力度，通过移动蜂窝、光纤、低轨卫星等多种方式，完善边远地区及贫困地区的网络覆盖。

专栏4 乡村及偏远地区宽带提升工程

推进宽带乡村建设。加快推进电信普遍服务试点。实施宽带乡村工程。持续加强光纤到村建设，完善4G网络向行政村和有条件的自然村覆盖，到2020年，中西部农村家庭宽带普及率达到40%。推进农村基层政务信息化应用，发展满足农户农业、林业、畜牧技术需求的内容服务，推广农村电商、远程教育、远程医疗、金融网点进村等信息服务。

完善中西部地区中小城市基础网络。加快推进县城仅有铜缆接入宽带小区的光纤到户改造，完善乡镇驻地家庭用户光纤接入覆盖，大力推进城域网优化扩容，实现中西部城镇家庭用户宽带接入能力达到50Mbps以上，有条件地区可提供100Mbps以上接入服务能力，大力发展面向中小城市的信息化应用普及服务。

（三）建立统一开放的大数据体系。

加强数据资源规划建设。加快推进政务数据资源、社会数据资源、互联网数据资源建设。全面推进重点领域大数据高效采集、有效整合、安全利用，深化政府数据和社会数据关联分析、融合利用，提高宏观调控、市场监管、社会治理和公共服务精准性和有效性。建立国家关键数据资源目录体系，统筹布局区域、行业数据中心，建立国家互联网大数据平台，构建统一高效、互联互通、安全可靠的国家数据资源体系。探索推进离岸数据中心建设，建立完善全球互联网信息资源库。完善电子文件管理服务设施。加强哲学社会科学图书文献、网络、数据库等基础设施和信息化建设，提升国家哲学社会科学文献在线共享和服务能力。

专栏5 国家大数据发展工程

统筹国家基础数据资源建设。全面建成人口、法人、自然资源和地理空间、法律法规、宏观经济、金融、信用、文化、统计、科技等基础信息数据库。整合各类政府信息平台、信息系统和数据中心资源，依托现有平台资源，集中构建统一的互联网政务数据服务平台和信息惠民服务平台。

建立国家治理大数据中心。统筹利用政府和社会数据资源，推动宏观调控决策支持、市场监督管理、社会信用、风险预警大数据应用，建设社会治理和公共服务大数据应用体系。

加强大数据关键技术及产品研发。支持数据存储、分析处理、信息安全与隐私保护等领域技术产品研发，突破大数据关键技术瓶颈。加强大数据基础研究，探索建立数据科学的学科体系。

提升大数据产业支撑能力。加快培育大数据龙头骨干企业，建立政产学研用联动、大中小企业协调发展的大数据产业体系。建立完善大数据产业公共服务支撑体系。

深化大数据应用。建设统一开放平台，逐步实现公共数据集开放，鼓励企业和公众挖掘利用。推动政府治理、公共服务、产业发展、技术研发等领域大数据创新应用。推进贵州等大数据综合试验区建设。

推动数据资源应用。完善政务基础信息资源共建共享应用机制，依托政府数据统一共享交换平台，加快推进跨部门、跨层级数据资源共享共用。稳步推进公共数据资源向社会开放。支持各类市场主体、主流媒体利用数据资源创新媒体制作方式，深化大数据在生产制造、经营管理、售后服务等各环节创新应用，支撑技术、产品和商业模式创新，推动大数据与传统产业协同发展。

强化数据资源管理。建立健全国家数据资源管理体制机制，建立数据开放、产权保护、隐私保护相关政策法规和标准体系。制定政府数据资源管理办法，推动数据资源分类分级管理，建立数据采集、管理、交换、体系架构、评估认证等标准制度。加强数据资源目录管理、整合管理、质量管理、安全管理，提高数据准确性、可用性、可靠性。完善数据资产登记、定价、交易和知识产权保护等制度，探索培育数据交易市场。

专栏6　国家互联网大数据平台建设工程

建立互联网大数据的采集机制。制定互联网数据管理办法，促进政府企业良好合作，制定国家或行业大数据平台技术标准，形成统一的数据采集、分析处理、安全访问等机制。

建设覆盖全国、链接畅通的数据中心。合理规划布局国家互联网大数据平台，考虑现有数据中心布局情况，选择条件适宜的地方建设区域性数据中心，依托安全可靠的通信网络，汇聚政府部门、电信运营商、互联网企业、各地区数据中心、大数据交易所、专业机构等渠道平台的数据，构建汇聚网民、企业和政府三类数据的大数据资源中心，提高信息的及时性、全面性和准确性。

互联网数据展示及应用。通过可视化和虚拟现实等技术，建立我国信息化、经济运行、环境保护、交通运输、综合监管、公共卫生等实时状况和趋势的统一视图，推进互联网大数据在国家治理、社会转型、产业升级等方面的广泛应用，服务科学决策。

注重数据安全保护。实施大数据安全保障工程，加强数据资源在采集、传输、存储、使用和开放等环节的安全保护。推进数据加解密、脱密、备份与恢复、审计、销毁、完整性验证等数据安全技术研发及应用。切实加强对涉及国家利益、公共安全、商业秘密、个人隐私、军工科研生产等信息的保护，严厉打击非法泄露和非法买卖数据的行为。建立跨境数据流动安全监管制度，保障国家基础数据和敏感信息安全。出台党政机关和重点行业采购使用云计算服务、大数据相关规定。

（四）构筑融合创新的信息经济体系。

推进信息化和工业化深度融合。在推进实施"中国制造2025"过程中，深化制造业与互联网融合发展，加快构建自动控制与感知技术、工业软硬件、工业云与智能服务平台、工业互联网等制造业新基础，建立完善智能制造标准体系，增强制造业自动化、数字化、智能化基础技术和产业支撑能力。组织实施"芯火"计划和传感器产业提升工程，加快传感器、过程控制芯片、可编程逻辑控制器等研发和产业化。加快计算机辅助设计仿真、制造执行系统、产品全生命周期管理等工业软件的研发和产业化，加强软件定义和支撑制造业的基础性作用。支持开展关键技术、网络、平台、应用环境的兼容适配、互联互通和互操作测试验证，推动工业软硬件与工业大数据平台、工业网络、工业信息安全系统、智能装备的集成应用。积极推进制造企业"双创"以及工业云、工业大数据、工业电子商务等服务平台建设和服务模式创新，全面提升行业系统解决方案能力。推动工业互联网研发应用，制定工业互联网总体体系架构方案，组织开展工业互联网关键资源管理平台和核心技术试验验证平台建设，加快形成工业互联网健康发展新生态。组织实施企业管理能力提升工程，加快信息化和工业化融合管理体系标准制定和应用推广。

专栏 7　制造业与互联网融合发展应用与推广工程

培育一批制造企业"双创"平台。组织开展制造业与互联网融合发展试点示范，推动工业云、工业大数据、工业电子商务等技术的集成应用，培育众包研发、协同制造、精益管理、远程服务等新模式，发展面向制造环节的分享经济，促进供给与需求的精准匹配。

提升"双创"服务能力。培育一批支持制造业发展的"双创"示范基地。支持大型互联网企业、基础电信企业建设一批面向制造业中小企业的"双创"服务平台，鼓励大型制造企业开放"双创"平台聚集的各类资源，发展专业咨询、人才培训、检验检测、投融资等线上服务。

提升企业管理能力。加强两化融合管理体系标准制定和应用推广，推动业务流程再造和组织方式变革。依托中国两化融合服务平台，全面开展企业自评估、自诊断和自对标，建设全国两化融合发展数据地图。

强化核心技术研发及产业化。推动实施国家重点研发计划，加快推动自动控制与感知技术、核心工业软硬件、工业互联网、工业云与智能服务平台等新型基础设施和平台设施建设。支持建设信息物理系统监测验证平台，构建参考模型和综合技术标准体系。组织开展行业系统解决方案应用试点示范，培育一批系统解决方案供应商。

提高工业信息系统安全水平。开展工业企业信息安全保障试点示范，支持系统仿真测试、评估验证等关键共性技术平台建设，推动访问控制、追踪溯源、商业信息及隐私保护等核心技术产品产业化。建设国家工业信息安全保障中心，提升工业信息安全监测、评估、验证和应急处理能力。

推进农业信息化。实施"互联网+现代农业"行动计划，着力构建现代农业产业体系、生产体系、经营体系。推动信息技术与农业生产管理、经营管理、市场流通、资源环境融合。推进种植、畜牧、兽医、渔业、种子、农机、农垦、农产品加工、动植物检验检疫、农村集体资产财物管理、农业资源环境保护、农村污水、农村能源，以及水利设施、水资源、节水灌溉、饮水保障等行业和领域的在线化、数据化。加快补齐农业信息化短板，全面加强农村信息化能力建设，建立空间化、智能化的新型农村统计信息综合服务系统。着力发展精准农业、智慧农业，提高农业生产智能化、经营网络化、管理数据化、服务在线化水平，促进农业转型升级和农民持续增收，为加快农业现代化发展提供强大的创新动力。

防火巡查记录表

发展智慧农业。推进智能传感器、卫星导航、遥感、空间地理信息等技术应用，增强对农业生产环境的精准监测能力。组织实施农业物联网区域试验，开展农作物大田种植、设施农业、畜牧水产规模养殖等领域物联网技术应用试点。推进农机精准作业示范和北斗导航技术在农业生产中的应用。

发展农业农村电子商务。推进互联网技术在农业生产、加工、流通等各环节的应用与推广，促进农村和农产品现代市场体系建设，培育多元化农村电子商务市场主体。结合农产品现代流通体系建设，开展农业电子商务试点示范，支持农产品电子商务平台应用。

推动农业农村大数据应用。整合构建国家涉农大数据中心和国家农业云。打造农业走出去公共服务平台，开展全球农业数据调查分析系统建设，建立农业全产业链信息监测分析预警系统。建立国家农产品质量安全监管追溯管理信息平台，不断扩大信息化监管追溯覆盖面。建立农村集体资产监管平台，推动农村集体资产财务管理制度化、规范化、信息化，全面提升农业政务信息化能力和水平。

提升农业信息综合服务能力。大力推进信息进村入户，拓展"12316"的"三农"综合信息服务。推进农村社区信息化建设，开展农民手机应用技能培训，提升农民信息化应用能力，推动城乡信息服务均等化，缩小城乡数字鸿沟。建立水利大数据分析与应用服务工程，提升水利设施和水资源对农业生产及农村发展的支撑保障服务能力。开展农业信息经济示范区建设，完善现代农业信息服务体系。

增强农业信息化发展支撑能力。以应用为导向，推进农业信息基础设施智能化建设。推进农业信息化科技创新能力跨越，构建政产学研用紧密结合的农业信息化科技创新体系，有效支撑农业信息化产业发展。

　　发展电子商务。全方位规范电子商务市场竞争，加快电子商务模式、市场服务方式创新和科技水平提升，支持移动电商、社区电商、农村电商和跨境电商等新型电商模式发展，促进电子商务提质升级。大力推进"互联网+流通"，加强智慧流通基础设施建设，探索网络化定制、全渠道营销、服务到户等多种线上线下融合发展方式，推进电子商务与传统产业深度融合。健全电子商务要素配套服务产业链，大力发展电子商务人才和信息服务业、技术服务业、物流服务业，鼓励发展垂直类、专业类、行业类电子商务，进一步完善电子商务支撑体系，强化电子商务民生服务体系建设，扩大电子商务在医疗、健康、养老、家政服务等领域的应用。

　　培育发展新兴业态。推进"互联网+"行动，促进互联网深度广泛应用，带动生产模式和组织模式变革，形成网络化、智能化、服务化、协同化的产业发展形态。大力发展基于互联网的众创、众包、众扶和众筹，推进产业组织、商业模式、供应链创新。推动生产性服务业向专业化和价值链高端延伸，促进生活性服务业向精细化和高品质转变。鼓励企业利用互联网推动服务型制造发展，开展个性化定制、按需设计、众包设计等服务，创新生产制造和经营销售环节，提供网络化协同制造、全生命周期管理等业务。发展以开放、便捷、节约、绿色为特征的分享经济。推动宽带网络、移动互联网、物联网、云计算、大数据、三网融合等新一代信息技术融合发展，促进信息消费。积极规范发展互联网金融，促进金融信息服务业健康发展。逐步完善数字版权公共服务体系，促进数字内容产业健康发展。推动互联网在旅游各领域的融合与应用，培育智慧旅游、智慧休闲等创新业态。

专栏9　信息经济创新发展工程

设立信息经济示范区。深化信息技术在现代农业、先进制造、创新创业、金融等领域集成应用，依托现有新技术产业园区、创新园区，面向云计算、大数据、物联网、机器深度学习与新一代信息技术创新，探索形成一批示范效应强、带动效益好的国家级信息经济示范区。

发展分享经济。支持网约车、家庭旅馆借宿、办公场地短租和人人参与的在线知识技能互助等民生领域共享服务发展。探索建立分享经济网上信用平台。

发展电子商务。支持电子商务共性基础设施建设，加快构建电商诚信体系，促进重点领域电子商务创新和融合应用，推进农业、工业、服务业等领域的电子商务应用，大力培育电子商务服务业。推动实施电子商务综合通关提速工程和电子商务国际大通道建设工程。推动杭州等跨境电子商务综合试验区建设，稳步实施综合试验区扩围。

促进创业创新。完善中小企业公共服务平台网络，鼓励行业领军企业、高等院校、科研院所等依托互联网平台向全社会提供专业化创新创业服务，共助中小微企业和创业者成长。支持各类产业创新和商务合作平台发展，开展市场化、专业化、集成化、网络化的众创空间基地试点建设，加强创新创业项目的孵化培育和产业对接能力。

推进智慧物流。推动电子口岸、道路运输危险品监管平台和邮政业监管信息平台等公共信息平台建设。建立跨区域、跨行业的物流信息平台，形成开放、透明、共享的供应链协作模式。打造智能化的物流公共配送中心、中转分拨站，加强物流车辆的规范管理以及社区自提点、服务点的共建共享。

促进质量和品牌建设。实施质量提升行动，以信息化促进质量治理，推进国家质量基础能力建设，保障国民消费质量安全、国门生物安全和特种设备安全。建立国家宏观质量安全监测评价体系、国家质量信息公共服务体系和国家质量安全监测、分析、预警机制，提高国家质量公共服务信息化水平。

（五）支持善治高效的国家治理体系构建。

服务党的建设工作。推动"互联网+党建"，支持统筹建设全国党员信息库和党员管理信息系统、党员教育信息化平台，提高党组织建设、党员教育管理服务工作网络化、智能化水平。推动整合基层党建信息化工作平台和网上民生服务，促进基层服务型党组织建设。支持建设监督执纪问责信息化平台，完善群众监督和宣传平台，丰富党风廉洁建设和反腐败工作数据资源，助力全面从严治党。

统筹发展电子政务。建立国家电子政务统筹协调机制，完善电子政务顶层设计和整体规划。统筹共建电子政务公共基础设施，加快推进国家电子政务内网建设和应用，支持党的执政能力现代化工程实施，推进国家电子政务内网综合支撑能力提升工程。完善政务外网，支撑社会管理和公共服务应用。支持各级人大机关信息化建设，有效满足立法和监督等工作需求，为人民代表大会及其常委会履职提供信息技术支撑。支持政协信息化建设，推进协商民主广泛多层制度化发展。支持"智慧法院"建设，推行电子诉讼，建设完善公正司法信息化工程。实施"科技强检"战略，积极打造"智慧检务"。创新电子政务投资、建设及服务模式，探索建立第三方建设运行维护机制。完善国家电子政务标准体系，建立电子政务绩效评估监督制度。加强国家电子文件管理，促进电子文件规范应用。

创新社会治理。以信息化为支撑，加强和创新社会治理，推进社会治理精细化、精准化。加快建设安全生产隐患排查治理体系、风险预防控制体系和社会治安立体防控体系，推进网上综合防控体系建设，建立和完善自然灾害综合管理信息系统、重大和重要基础设施综合管理信息系统、安全生产监管信息系统、国家应急平台、社会治安综合治理信息系统和公安大数据中心，加强公共安全视频监控联网应用，提升对自然灾害等突发事件和安全生产、社会治安的综合治理水平。推进多元矛盾纠纷化解信息化平台建设，有效预防和妥善化解各类矛盾纠纷，为社会风险防控提供支撑。完善全国信用信息共享平台，整合金融、工商、税收缴纳、交通违法、安全生产、质量监管等领域信用信息，发挥平台在信用信息共享中的"总枢纽"作用，逐步实现跨部门、跨地区信用信息共享与应用。推行网上受理信访、举报制度，拓展网上政民互动，畅通群众利益协调和权益保障渠道。推进智慧社区建设，完善城乡社区公共服务综合信息平台，建立网上社区居委会，发展线上线下结合的社区服务新模式，提高社区治理和服务水平。

（六）形成普惠便捷的信息惠民体系。

拓展民生服务渠道。深入实施信息惠民工程，加快推进信息惠民国家试点城市建设。全面开展"互联网+政务服务"，大力推进政务服务"一号申请、一窗受理、一网通办"，构建方便快捷、公平普惠、优质高效的政务服务信息体系，简化群众办事环节，让信息多跑路、群众少跑腿。全面推进政务公开，加强政民互动交流，建立政府同群众交流沟通的互联网平台，推动各级政府部门通过互联网了解群众，贴近群众，为群众排忧解难。基于互联网建立发扬人民民主、接受人民监督的新渠道，促进政府公共服务"一站式"网上办理及行政权力全流程监督。

创新民生服务供给模式。利用信息化手段不断扩大优质教育资源覆盖面，构建网络化、数字化、个性化、终身化的教育体系，建设学习型社会。深入推进社会保障一卡通工程，统筹推进全面覆盖城乡的社会保障、社会救助系统，实现基本医疗保险异地就医直接结算、社会保险关系网上转移接续。推广在线医疗卫生新模式。推进就业、养老、教育、职业培训、技能人才评价、工伤、生育、法律服务等信息全国联网，构建线上线下相衔接的信息服务体系。积极推进网络公益事业发展。推进交通一卡通互通，实现跨区（市）域、跨交通方式的互联互通，开展交通一卡通在出租汽车、长途客运、城际轨道、水上客运、公共自行车及停车场等交通运输领域的应用，方便居民出行。

专栏 10　信息惠民工程

全面开展"互联网+政务服务"。大力推进政务服务"一号申请、一窗受理、一网通办"，构建线上线下一体化政务服务体系，简化优化群众办事流程，提升政府行政效能，增强政务服务的主动性、精准性、便捷性，提高群众办事的满意度。

全面提升民生服务均等普惠水平。围绕当前群众广泛关注和亟待解决的医疗、教育、社保、就业、养老服务等民生问题，进一步推动跨部门、跨层级信息共享，促进公共服务的多方协同合作、资源共享、政策对接、制度创新，加快构建全人群覆盖、全天候受理、公平普惠的民生公共服务体系，增强民生服务有效供给能力，提升信息便民惠民利民水平。

全面推进政务公开。提高权力运行的信息化监督能力，推动法治政府、创新政府、廉洁政府和服务型政府建设。依托"信用中国"网站，全面推进行政许可和行政处罚等信息自作出行政决定之日起 7 个工作日内上网公开工作。支持各级政府有效利用政府网站、社交媒体、移动互联网等新型手段，建设政务新媒体矩阵。重视网络民意表达，畅通民主监督和参政议政渠道，在医疗、健康、养老、教育、社会保障等民生领域，提供实时在线互动的政务服务。

（七）打造网信军民深度融合发展体系。

建立健全网信军民融合机制。健全领导管理体制和工作机制，加快网信军民融合立法进程、促进标准兼容，整合利用军民两方面优势，推动制度创新、管理创新、技术创新。加强网信军民融合评估和风险管理，完善网信动员体系，构建国家网信动员机制，常态化推进军地联合演训，推进网信建设项目贯彻国防要求联审联验，实施军地网信人才融合发展计划，完善接力培养机制。

推进信息基础设施共建共用共享。统筹军地信息传输网络建设，构建军民共用的国家光缆网。深化天基通信系统融合发展，加快推动军民共用全球移动通信卫星系统建设。推进电磁频谱管理专项工程建设，构建军民协同合作的电磁频谱监测、检测和探测网系。加强军民共用信息系统建设，鼓励军队以购买、外包等方式从市场获取高质量、低成本的信息产品，充分挖掘利用民间优势数据资源和数据开发能力。实施军民融合信息资源开发利用工程，完善安全可靠的军地信息资源共享交换平台，规范军事信息资源向社会开放，探索利用企业互联网平台和社会科技资源为军队服务。加强国防科技工业综合管理信息化建设。

加快军民技术双向转化。加大对相关核心关键信息技术科研项目的支持力度，鼓励开展联合攻关。孵化和支持一批具有重大潜在军事应用价值的项目，通过在军事领域的率先突破实现军事需求牵引技术创新。有序推动军民重点实验室相互开放。支持各类社会科技资源参与国防和军队网信建设。发展军民一体信息产业。

专栏 11　网信军民深度融合工程

开展军民融合试点示范。统筹推进航天领域军民融合，构建天地一体网络空间基础设施。建设军民一体航海管制系统，推动国家航海管制信息融合共享，形成全国统一的航海管制格局。为军队使用互联网提供便捷用网、规范用网、安全用网服务。统筹推进军警民一体指挥系统、军民兼容的国家大型计算存储和灾备设施、量子通信网络发展等重大工程建设。

实施网信军民融合协同创新中心建设，在体制机制、重大政策制度、融合发展重点工作等方面，选择基础条件好的区域开展创新试验，提升军地网信技术协同创新能力。

推动网信军民融合理论创新。聚合军地资源，重点建设战略性、综合性的高端智库，加强国际交流与合作，提升网信军民融合软实力。

（八）拓展网信企业全球化发展服务体系。

建立开放共赢的国际合作体系。建立全球信息化合作服务平台，积极推动网信企业国际拓展，加快建设中国—东盟信息港、中国—阿拉伯国家等网上丝绸之路。建立网信企业走出去服务联盟，引导联盟成员在融资融智、技术创新等方面协同合作，拓展国际信息化交流合作渠道。加强主流媒体网站及新媒体的国际传播能力建设，准确阐述"一带一路"共商、共建、共赢理念，营造良好国际舆论氛围。

专栏 12　信息化国际枢纽工程

建设中国—东盟信息港。以广西为支点，加快建立面向东盟、服务西南中南的国际通信网络体系和信息枢纽，与东盟国家共同建设基础设施平台、技术合作平台、经贸服务平台、信息共享平台、人文交流平台。

建设中国—阿拉伯国家网上丝绸之路宁夏枢纽工程。以宁夏为支点构建中阿国际网络大通道，加快区域网络设施、通信光缆建设步伐，优化网络基础资源配置，推动 4G、公共 WiFi 等普及，开展跨境电子商务合作。

建立企业走出去数据库。动态收集、滚动更新"一带一路"沿线国家和地区信息化发展水平、政治环境、经济开放程度、双边关系、当地税制等信息，服务企业走出去。

滚动支持一批合作项目。建立一批信息化合作项目库，支持网信企业积极参与"一带一路"沿线国家和地区的信息基础设施、重大信息系统和数据中心建设。围绕推进"一带一路"建设，编制网信领域海外研发基地建设行动方案，明确整体布局、建设规则、推进计划，优先启动建设一批海外研发基地，充分发挥其示范效应和带动作用。

鼓励和支持网信企业走出去。加大对网信企业走出去的政策支持力度，积极搭建对外投资金融和信息服务平台，构建信息服务体系。制定鼓励和引导跨境并购的扶持政策，引导网信企业采取贸易、绿地投资、海外并购等多种方式走出去，利用多边、双边投资贸易协定和财政担保措施，增强获取全球资源的能力。支持企业拓展海外业务布局，增设海外机构和业务网点，鼓励企业在科技资源密集的国家和地区设立海外研发中心，加快融入国际创新体系。推动区域数字经济合作，共建产业园区，结合网信企业全球化重点需求并综合考虑国际科技合作总体布局，建设一批高水平的海外大科学研究基地。实施网信援外计划，帮助发展中国家建设信息技术产业园区和网络空间实验室，实现技术研发合作、技术转移示范与技术培训相结合。发挥骨干企业和网络社会组织积极性，加快推进中国标准走出去，积极参与制定国际标准，组建跨国标准联盟。

健全企业走出去境外服务体系。完善领事保护机制，建立和完善海外应急及快速响应机制，最大限度地保护中国企业和公民的利益与安全。强化企业知识产权意识，加强对国外行业技术、知识产权等法律法规以及行业标准、评定程序和检验检疫规则的跟踪研判和分析评议，建立公益性专利信息服务平台，为我国企业提供必要的境外专利诉讼和代理、知识产权保护援助服务。

（九）完善网络空间治理体系。

加强互联网基础资源管理。进一步推进互联网域名、IP 地址、网站等基础资源和网络互动平台真实身份信息注册登记工作。建设网络可信体系，探索建立全国统一的网络证照服务体系，推进网络身份可溯源和信息保护工作。

依法加强网络空间治理。加强网上正面宣传，用社会主义核心价值观、中华优秀传统文化和人类优秀文明成果滋养人心、滋养社会，做到正能量充沛、主旋律高昂，为广大网民特别是青少年营造一个风清气正的网络空间。推进依法办网，加强对所有从事新闻信息服务、具有媒体属性和舆论动员功能的网络传播平台的管理。健全网络与信息突发安全事件应急机制，完善网络安全和信息化执法联动机制。顺应广大人民群众呼声，重点加大对网络电信诈骗等违法行为打击力度，开展打击网络谣言、网络敲诈、网络诈骗、网络色情等专项行动。加强网络空间精细化管理，清理违法和不良信息，防范并严厉打击利用网络空间进行恐怖、淫秽、贩毒、洗钱、诈骗、赌博等违法犯罪活动，依法惩治网络违法犯罪行为，让人民群众安全放心使用网络。

专栏 13　网络内容建设工程

发挥互联网优势和特点，创新宣传形式，打造宣传平台，扩大宣传覆盖面，鼓励网民、网络社会组织互动，健全宣传支撑体系，推进国际传播、少数民族语种传播、媒体融合等项目。

网上理论传播。强化马克思主义中国化最新理论成果网上传播，推动基础理论鲜活化传播。持续加强网上理论宣传平台建设，突出抓好经济理论网上传播，加快推进理论传播国际化进程。

网络新闻传播。加快推动重点新闻网站建设，增强重点新闻网站在重大主题宣传、典型宣传、形势宣传和成就宣传等方面的能力。拓宽新闻传播渠道，提升传播技术，支持重点新闻网站做大做强，让党的主张成为网络空间最强音。

网络文艺。鼓励推出优秀网络原创作品，推动网络文学、网络音乐、网络剧、微电影、网络演出、网络动漫等新兴文艺类型繁荣发展，促进传统文艺与网络文艺创新性融合，鼓励作家、艺术家积极运用网络创作传播优秀作品。维护网络文艺创作传播秩序，举办网络文艺优秀作品进校园、进社区、进企业等活动。

创新网络社会治理。加强对互联网企业的引导，促进互联网企业健康发展。健全网络社会组织管理，规范和引导网络社团发展，鼓励多元主体参与网络治理，促进互联网行业自律自治。提升网络媒介素养，推进网络诚信建设制度化和互联网领域信用建设。完善全国网络违法信息举报工作体系，畅通公众参与网络治理渠道。加强网络伦理、网络文明建设。

专栏 14　网络文明建设工程

开展网上"讲文明树新风"活动。开展网络伦理、网络道德宣传，深化文明礼仪知识教育，打造一批"中国好网民"品牌项目，建设一批网络文明示范基地，引导人们文明办网、文明上网。推动文明城市、文明村镇、文明单位、文明家庭、文明校园等创建活动向互联网延伸，扩大覆盖面和影响力。

开展网络公益活动。推动各类网站广泛开展扶贫帮困、慈善捐助、支教助学、义务献血等公益活动，吸引网民广泛参与，让公益精神照亮网络。加快建设网上志愿服务招募注册、培训管理、服务对接、褒奖回馈等工作平台，大力推动完善志愿服务制度，全面提升志愿服务的运作水平和服务能力。

开展网络文化活动。鼓励网民创作格调健康的网络文化作品，制作适合互联网和移动端新兴媒体传播的文化精品佳作。加强网络诚信宣传，组织开展网络诚信宣传日活动。分系统分领域培养一批高素质、高水平、敢担当、负责任的网民，使网络空间进一步清朗起来。

深度参与国际网络空间治理。把世界互联网大会打造成网络空间合作最重要的国际平台之一，广泛传播我国治网主张，推动建立多边、民主、透明的国际互联网治理体系，构建网络空间命运共同体。完善网络空间多双边对话协商机制。深度参与互联网治理规则和技术标准制定，积极参加互联网名称和数字地址分配机构、互联网工程任务组等国际互联网技术和管理机构的活动。实施网络社会组织走出去战略，建立打击网络犯罪国际合作机制，共同防范和反对利用网络空间进行商业窃密、黑客攻击、恐怖犯罪等活动。

（十）健全网络安全保障体系。

强化网络安全顶层设计。制定实施国家网络空间安全战略。完善网络安全法律法规体系，推动出台网络安全法、密码法、个人信息保护法，研究制定未成年人网络保护条例。建立完善国家网络安全相关制度，健全完善国家网络与信息安全信息通报预警机制，健全网络安全标准体系。加强网络空间安全学科专业建设，创建一流网络安全学院。

构建关键信息基础设施安全保障体系。实施网络安全审查制度，防范重要信息技术产品和服务网络安全风险。建立国家关键信息基础设施目录，制定关于国家关键信息基础设施保护的指导性文件，进一步明确关键信息基础设施安全保护要求。落实国家信息安全等级保护制度，全力保障国家关键信息基础设施安全。加强金融、能源、水利、电力、通信、交通、地理信息等领域关键信息基础设施核心技术装备威胁感知和持续防御能力建设，增强网络安全防御能力和威慑能力。加强重要领域密码应用。

全天候全方位感知网络安全态势。加强网络安全态势感知、监测预警和应急处置能力建设。建立统一高效的网络安全风险报告机制、情报共享机制、研判处置机制，准确把握网络安全风险发生的规律、动向、趋势。建立政府和企业网络安全信息共享机制，加强网络安全大数据挖掘分析，更好感知网络安全态势，做好风险防范工作。完善网络安全检查、风险评估等制度。加快实施党政机关互联网安全接入工程，加强网站安全管理，加强涉密网络保密防护监管。

专栏15 网络安全监测预警和应急处置工程

网络安全信息共享。建立政府、行业、企业网络安全信息共享机制，制定国家网络安全信息共享指南，制定信息共享标准和规范，建设国家网络安全信息共享平台和网络安全威胁知识库，建立统一高效的网络安全风险报告机制、情况共享机制、研判处置机制。

网络安全态势感知。建立国家网络安全态势感知平台，利用大数据技术对网络安全态势信息进行关联分析、数据挖掘和可视化展示，绘制关键信息基础设施网络安全态势地图。建设工业互联网网络安全监测平台，感知工业互联网网络安全态势，为保障工业互联网安全提供有力支持。

重大网络安全事件应急指挥。建立国家重大网络安全事件应急指挥体系，建立政府部门协同、政企联动、全民参与的应急处置机制，研制分类分级网络安全事件应急处置预案。建立网络安全风险预警系统，提高网络安全事件的协同应对水平。

建设网络安全威胁监测处置平台，实现对国际出入口、境内骨干网络核心节点的网络安全威胁监测，提高对各类网络攻击威胁和安全事件的及时发现、有效处置和准确溯源能力。

建设互联网域名安全保障系统，加强对根及 .cn 等重要顶级域名服务器异常事件的监测和应急处置，保障在根及重点顶级域服务系统异常状态下我国大陆境内域名服务体系的正常运行。

强化网络安全科技创新能力。实施国家信息安全专项，提高关键信息基础设施、重要信息系统和涉密信息系统安全保障能力及产业化支撑水平。实施国家网络空间安全重大科技项目，全面提升网络信息技术能力，构建国家网络空间安全技术体系。加快推进安全可靠信息技术产品创新研发、应用和推广，形成信息技术产品自主发展的生态链，推进党政机关电子公文系统安全可靠应用。建立有利于网络安全产业良性发展的市场环境，加快培育我国网络安全龙头企业。加强对新技术、新应用、新业务的网络安全保障和前瞻布局。

专栏16　网络安全保障能力建设工程

关键信息基础设施安全防护。组织实施信息安全专项，建立关键信息基础设施安全防护平台，支持关键基础设施和重要信息系统，整体提升安全防御能力。强化安全监管、综合防护的技术手段支撑，提升我国域名体系的网络安全和应急处置能力。

网络安全审查能力建设。开展网络安全审查关键技术研究，统筹建立网络设备、大数据、云计算等重点实验室。

网络安全标准能力提升。加强我国网络安全标准专业队伍建设，建设网络安全标准验证和检测平台，重点构建基于芯片和操作系统的安全评测，完善网络安全标准信息共享和实施情况跟踪评估机制。

党政机关信息系统安全防护。完善党政机关互联网信息汇聚平台，扩建网络安全态势感知系统、失泄密监管系统和防窃密技术支持系统，推进基层党政机关网站向安全可靠云服务平台迁移的试点示范。

五、优先行动

遵循信息化发展规律，区分轻重缓急、实现循序渐进，把现代基础设施建设、农村人口脱贫、社会事业发展、生态环境保护、人民生活改善等领域信息化摆在优先位置，积极回应各方诉求，让人民群众在信息化发展中有更多获得感。

（一）新一代信息网络技术超前部署行动。

行动目标：到 2018 年，开展 5G 网络技术研发和测试工作，互联网协议第 6 版（IPv6）大规模部署和商用；到 2020 年，5G 完成技术研发测试并商用部署，互联网全面演进升级至 IPv6，未来网络架构和关键技术取得重大突破。

加快推进 5G 技术研究和产业化。统筹国内产学研用力量，推进 5G 关键技术研发、技术试验和标准制定，提升 5G 组网能力、业务应用创新能力。着眼 5G 技术和业务长期发展需求，统筹优化 5G 频谱资源配置，加强无线电频谱管理。适时启动 5G 商用，支持企业发展面向移动互联网、物联网的 5G 创新应用，积极拓展 5G 业务应用领域。

加快推进下一代广播电视网建设与融合。统筹有线无线卫星协调发展，提升广播电视海量视频内容和融合媒体创新业务的承载能力，推动有线无线卫星融合一体化及与互联网的融合发展，构建天地一体、互联互通、宽带交互、智能协调、可管可控的广播电视融合传输覆盖网，支持移动、宽带、交互、跨屏广播电视融合业务的开展。

推动下一代互联网商用进程。加快网络基础设施全面向IPv6演进升级，提升内容分发网络对IPv6内容的快速分发能力。加快IPv6终端和应用系统研发，推动智能终端支持IPv6，实现4G对IPv6的端到端支持。加快推动基于IPv6的移动互联网商用进程，积极引导商业网站、政府及公共企事业单位网站向IPv6迁移。

超前布局未来网络。布局未来网络架构，加快工业互联网、能源互联网、空间互联网等新型网络设施建设，推动未来网络与现有网络兼容发展。加快构建未来网络技术体系，加快建立国家级网络试验床，推进未来网络核心技术重点突破和测试验证。加强未来网络安全保障，积极防范未来网络安全风险。

（二）北斗系统建设应用行动。

行动目标：到2018年，面向"一带一路"沿线及周边国家提供基本服务；到2020年，建成由35颗卫星组成的北斗全球卫星导航系统，为全球用户提供服务。

统筹推进北斗建设应用。进一步完善北斗卫星导航产业的领导协调机制，持续推进北斗系统规划、建设、产业、应用等各层面发展。加快地基增强系统建设，搭建北斗高精度位置服务平台，积极开展应用示范。

加强北斗核心技术突破。加大研发支持力度，整合产业资源，完善型谱规划，综合提升北斗导航芯片的性能、功耗、成本等指标，鼓励与通信、计算、传感等芯片的集成发展，推动北斗卫星导航系统及其兼容产品在政府部门的应用，提高产业竞争力。

加快北斗产业化进程。开展行业应用示范，推动北斗系统在国家核心业务系统和交通、通信、广电、水利、电力、公安、测绘、住房城乡建设、旅游等重点领域应用部署。推动北斗导航产业链的发展和完善，促进高精度芯片、终端制造和位置服务产业综合发展。

开拓卫星导航服务国际市场。服务共建"一带一路"倡议，实施卫星导航产业国际化发展综合服务工程，加快海外北斗卫星导航地基增强系统建设，推进北斗在亚太的区域性基站和位置服务平台建设，加快建立国际化的产业技术联盟和专利池。

（三）应用基础设施建设行动。

行动目标：到 2018 年，云计算和物联网原始创新能力显著增强，新建大型云计算数据中心电能使用效率（PUE）值不高于 1.5；到 2020 年，形成具有国际竞争力的云计算和物联网产业体系，新建大型云计算数据中心 PUE 值不高于 1.4。

统筹规划全国数据中心建设布局。优化大型、超大型数据中心布局，杜绝数据中心和相关园区盲目建设。加快推动现有数据中心的节能设计和改造，有序推进绿色数据中心建设。

提升云计算自主创新能力。培育发展一批具有国际竞争力的云计算骨干企业，发挥企业创新主体作用，增强云计算技术原始创新能力，尽快在云计算平台大规模资源管理与调度、运行监控与安全保障、大数据挖掘分析等关键技术和核心软硬件上取得突破。鼓励互联网骨干企业开放平台资源，加强行业云服务平台建设，支持政务系统和行业信息系统向云平台迁移，建设基于云计算的国家科研信息化基础设施，打造"中国科技云"。

积极推进物联网发展。推进物联网感知设施规划布局，发展物联网开环应用。实施物联网重大应用示范工程，推进物联网应用区域试点，建立城市级物联网接入管理与数据汇聚平台，深化物联网在城市基础设施、生产经营等环节中的应用。

（四）数据资源共享开放行动。

行动目标：到 2018 年，形成公共数据资源开放共享的法规制度和政策体系，建成国家政府数据统一共享交换和开放平台，跨部门数据资源共享共用格局基本形成；到 2020 年，实现民生保障服务等领域的政府数据集向社会开放。

构建全国信息资源共享体系。制定政府数据资源共享管理办法，梳理制定政府数据资源共享目录体系，构建政府数据统一共享交换平台，推动信息资源跨部门跨层级互通和协同共享，打通信息壁垒。

稳步实施公共信息资源共享开放。各地区、各部门根据职能，梳理本地区、本部门所产生和管理的数据集，编制数据共享开放目录，依法推进数据开放。充分利用已有设施资源，建立统一的政府数据共享和开放平台。优先开放人民群众迫切需要、商业增值潜力大的数据集。加强对开放数据的更新维护，不断扩大数据开放范围，保证动态及时更新。

规范数据共享开放管理。加强共享开放数据的全生命周期管理。建立共享开放数据汇聚、存储和安全的管理机制。按照网络安全管理和密码管理等规范标准，加快应用自主核心技术及软硬件产品，提升数据开放平台的安全保障水平。加强数据再利用安全管理。

（五）"互联网+政务服务"行动。

行动目标：到2017年，80个信息惠民国家试点城市初步实现政务服务跨区域、跨层级、跨部门"一号申请、一窗受理、一网通办"，形成方便快捷、公平普惠、优质高效的政务服务信息体系；到2020年，全国范围内实现"一号一窗一网"目标，服务流程显著优化，服务模式更加多元，服务渠道更为畅通，群众办事满意度显著提升。

构建统一的政务服务信息系统。依托统一的数据共享交换平台，推动各部门业务系统互通对接、信息共享和业务协同，形成"前台综合受理、后台分类审批、统一窗口出件"的服务模式，拓展自助服务、社区代办、邮政快递等服务渠道，构建跨区域、跨层级、网上网下一体化的政务服务体系，实现一窗口受理、一平台共享、一站式服务。

建立电子证照体系和共享互认机制。按照分散集中相结合原则，建设自然人电子证照库，推进制证系统、业务办理系统与电子证照库对接联通，实现相关信息一次生成、多方复用，一库管理、互认共享。研究制定电子证照规范标准，建立跨区域电子证照互认共享机制，推进跨层级、跨区域、跨部门的电子证照互认共享，逐步实现全国范围内异地业务办理。

建立完善统一身份认证体系。以公民身份号码为唯一标识，探索运用生物特征及网络身份识别等技术，联通整合实体政务服务大厅、政府网站、移动客户端、自助终端、服务热线等不同渠道的用户认证,形成基于公民身份号码的线上线下互认的群众办事统一身份认证体系,实现群众办事多个渠道的一次认证、多点互联、无缝切换。

构建便民服务"一张网"。梳理整合教育、医疗卫生、社会救助、社会福利、社区服务、婚姻登记、劳动就业、住房公积金、社会保障、计划生育、住房保障、法律服务、法治宣传、公共安全等民生服务领域的网上服务资源,联通各个网上办事渠道,构建便民服务"一张网",实现一次认证、一网通办。

(六)美丽中国信息化专项行动。

行动目标:到 2018 年,自然资源和生态环境动态监测网络和监管体系基本建成,能源互联网建设取得明显成效;到 2020 年,能源利用效率显著提升,生产生活方式绿色化水平大幅提升。

推进"互联网+智慧能源"发展。探索建设多能源互补、分布式协调、开放共享的能源互联网,构建清洁低碳、高效安全的现代能源体系。推进绿色能源网络发展,构建能源消费生态体系,发展用户端智慧用能,促进能源共享经济发展和能源自由交易。实施国家能源管理与监管信息化工程,建立基于互联网的区域能源生产监测和管理调度信息公共服务平台,建设重点用能单位能耗在线监测系统。

加强自然资源动态监测和监管。实施自然资源监测监管信息工程,建立全天候的自然资源监测技术体系,构建面向土地、海洋、能源、矿产资源、水、森林、草原、大气等多种资源的立体监控系统。加强国土资源基础数据建设,建设不动产登记信息管理基础平台和农村土地流转管理信息平台，建立纵向联动、横向协同、互联互通的自然资源信息共享服务平台，为资源监管、国土空间优化开发提供有效支撑。推进测绘地理信息领域信息化建设，强化全国卫星导航定位基准站统筹建设和管理，建设地理信息公共服务平台。

创新区域环境污染防治与管理。实施生态环境监测网络建设工程，建立全天候、多层次的污染物排放与监控智能多源感知体系。支持利用物联网、云计算、大数据、遥感、数据融合等技术，开展大气、水和土壤环境分析，建立污染源清单。开展环境承载力评估试点，加强环境污染预测预警，建立环境污染源管理和污染物减排决策支持系统。推进京津冀、长江经济带、生态森林等重点区域、领域环境监测信息化建设，提高区域流域环境污染联防联控和共治能力。

大力发展绿色智慧产业。利用新一代信息技术提升环保技术装备水平，增强环保服务能力。探索培育用能权、用水权、碳排放权、排污权网上交易市场。大力推动"互联网+"再生资源回收利用、产业废弃物资源化利用，建立规范有序的回收利用体系，提升正逆向物流的耦合度，推动垃圾收运体系与再生资源回收体系的"两网融合"。在城乡固体废弃物分类回收、主要品种再生资源在线交易、再制造、产业共生平台等领域开展示范工程建设。鼓励老旧高耗能设备淘汰退网和绿色节能新技术应用，鼓励企业研发、应用节能型服务器，降低设备能耗。

（七）网络扶贫行动。

行动目标：到2018年，建立网络扶贫信息服务体系，试点地区基本实现网络覆盖、信息覆盖、服务覆盖；到2020年，完成对 832 个贫困县、12.8 万个贫困村的网络覆盖，电商服务通达乡镇，通过网络教育、网络文化、互联网医疗等帮助贫困地区群众提高文化素质、身体素质和就业能力。

实施网络覆盖工程。加快贫困地区互联网建设和应用步伐，鼓励电信企业积极承担社会责任，确保宽带进村入户与脱贫攻坚相向而行。加快推进贫困地区网络覆盖，深入落实提速降费，探索面向贫困户的网络资费优惠。加快安全可靠移动终端研发和生产应用，推动民族语言语音、视频技术和软件研发，降低少数民族使用移动终端和获取信息服务的语言障碍。

实施电商扶贫工程。鼓励电子商务企业面向农村地区推动特色农产品网上定制化销售、推动贫困地区农村特色产业发展，组织知名电商平台为贫困地区开设扶贫频道，建立贫困县名优特产品网络博览会。依托现有全国乡村旅游电商平台，发展"互联网+旅游"扶贫，推进网上"乡村旅游后备箱工程"、"一村一品"产业建设专项行动。扶持偏远、特困地区的支付服务网络建设。加快建设完善贫困地区产品质量管理、信用和物流服务体系。

实施网络扶智工程。充分应用信息技术推动远程教育，促进优质教育资源城乡共享。加强对县、乡、村各级工作人员的职业教育和技能培训，丰富网络专业知识。支持大学生村官、"三支一扶"人员等基层服务项目参加人员和大学生返乡开展网络创业创新，提高贫困地区群众就业创业能力。

实施扶贫信息服务工程。逐步推进省级以下各级各部门涉农信息平台的"一站式"整合，建立网络扶贫信息服务体系，充分利用全国集中的扶贫开发信息系统以及社会扶贫信息服务平台，促进跨部门扶贫开发信息共享，使脱贫攻坚服务随时随地四通八达，扶贫资源因人因事随需配置。

实施网络公益工程。加快推进网络扶贫移动应用程序（APP）开发使用，宣传国家扶贫开发政策，丰富信息内容服务，普及农业科技知识，涵盖社交、商务、交通、医疗、教育、法律援助等行业应用。依托中国互联网发展基金会、中国扶贫志愿服务促进会等成立网络公益扶贫联盟，广泛动员网信企业、广大网民参与网络扶贫行动。构筑贫困地区民生保障网络系统，建设社会救助综合信息化平台，提供个性化、针对性强的社会救助服务。

（八）新型智慧城市建设行动。

行动目标：到2018年，分级分类建设100个新型示范性智慧城市；到2020年，新型智慧城市建设取得显著成效，形成无处不在的惠民服务、透明高效的在线政府、融合创新的信息经济、精准精细的城市治理、安全可靠的运行体系。

分级分类推进新型智慧城市建设。围绕新型城镇化、京津冀协同发展、长江经济带发展等战略部署，根据城市功能和地理区位、经济水平和生活水平，加强分类指导，差别化施策，统筹各类试点示范。支持特大型城市对标国际先进水平，打造世界级智慧城市群。支持省会城市增强辐射带动作用，形成区域性经济社会活动中心。指导中等城市着眼城乡统筹，缩小数字鸿沟，促进均衡发展。推动小城镇发展智慧小镇、特色小镇，实现特色化、差异化发展。开展新型智慧城市评价，突出绩效导向，强化为民服务，增强人民群众在智慧城市建设中的获得感。探索可复制可推广的创新发展经验和建设运营模式，以点带面，以评促建，促进城镇化发展质量和水平全面提升。

打造智慧高效的城市治理。推进智慧城市时空信息云平台建设试点，运用时空信息大数据开展智慧化服务，提升城市规划建设和精细化管理服务水平。推动数字化城管平台建设和功能扩展，统筹推进城市规划、城市管网、园林绿化等信息化、精细化管理，强化城市运行数据的综合采集和管理分析，建立综合性城市管理数据库，重点推进城市建筑物数据库建设。以信息技术为支撑，完善社会治安防治防控网络建设，实现社会治安群防群治和联防联治，建设平安城市，提高城市治理现代化水平。深化信息化与安全生产业务融合，提升生产安全事故防控能力。建设面向城市灾害与突发事件的信息发布系统，提升突发事件应急处置能力。

推动城际互联互通和信息共享。以标准促规范，加快建立新型智慧城市建设标准体系，制定分级分类的基础性标准以及信息服务、互联互通、管理机制等关键环节标准。深化网络基础设施共建共享，把互联网、云计算等作为城市基础设施加以支持和布局，促进基础设施互联互通。

建立安全可靠的运行体系。加强智慧城市网络安全规划、建设、运维管理，研究制定城市网络安全评价指标体系。加快实施网络安全审查，对智慧城市建设涉及的重要网络和信息系统进行网络安全检查和风险评估，保证安全可靠运行。

（九）网上丝绸之路建设行动。

行动目标：到 2018 年，形成与中东欧、东南亚、阿拉伯地区等有关国家的信息经济合作大通道，促进规制互认、设施互联、企业互信和产业互融；到 2020 年，基本形成覆盖"一带一路"沿线国家和地区重点方向的信息经济合作大通道,信息经济合作应用范围和领域明显扩大。

建设网上丝绸之路经济合作试验区。充分发挥地方积极性,鼓励国内城市与"一带一路"重要节点城市开展点对点合作,在各自城市分别建立网上丝绸之路经济合作试验区,推动双方在信息基础设施、智慧城市、电子商务、远程医疗、"互联网+"等领域开展深度合作。

支持建立国际产业联盟。充分发挥企业的积极性,支持我国互联网企业、科研院所与国外互联网企业及相关机构发起建立国际产业联盟,形成网上丝绸之路的"软实力",加速我国互联网企业与境外企业的合作进程,推动建立跨国互联网产业投融资平台,主导信息经济领域相关规范的研究制定,将我国互联网产业的比较优势转化为全球信息经济的主导优势。

鼓励支持企业国际拓展。鼓励网信企业以共建电子商务交易平台、物流信息服务平台、在线支付服务平台等多种形式,构建新型信息经济国际合作平台,拓展平台设计、人才培育、创意推广、供应链服务等各类信息技术服务的国际市场,带动国际商品流通、交通物流提质增效。

(十)繁荣网络文化行动。

行动目标:到 2018 年,网络文化服务在公共文化服务体系中的比重明显上升,传统媒体和新兴媒体融合发展水平明显提升;到 2020 年,形成一批拥有较强实力的新型媒体集团和网络文化企业,优秀网络文化产品供给和输出能力显著提升。

加快文化资源数字化进程。进一步推动文化信息资源库建设,深化文化信息资源的开发利用。继续实施全国文化信息资源共享工程、数字图书馆推广工程和公共电子阅览室建设计划。进一步实施公共文化资源网络开放，建设适合网络文化管理和社会公共服务的基础信息数据库群、数据综合管理与交换平台。实施网络文艺精品创作和传播工程，扶持优秀原创网络作品创作，支持优秀作品网络传播。扶持一批重点文艺网站。

推动传统媒体与新兴媒体融合发展。围绕建立立体多样、融合发展的网络文化传播机制和传播体系，研究把握现代新闻传播规律和新兴媒体发展规律，加快推动传统媒体和新兴媒体融合发展，推动各种媒介资源、生产要素有效整合，推动信息内容、技术应用、平台终端、人才队伍共享融通，着力打造一批形态多样、手段先进、具有竞争力的新型主流媒体，建成若干拥有强大实力和传播力公信力影响力的新型媒体集团。

加强网络文化阵地建设。加快国家骨干新闻媒体的网络化建设，做大做强中央主要新闻网站和地方重点新闻网站，培育具有国际影响力的现代传媒集团。推动多元网络文化产业发展与整合，培育一批创新能力强、专业素质高、具有国际影响力的网络文化龙头企业，增强优秀网络文化产品创新和供给能力。

大力发展网络文化市场。规范网络文化传播秩序，综合利用法律、行政、经济和行业自律等手段，完善网络文化服务准入和退出机制。加大网络文化执法力度，发展网络行业协会，推动网络社会化治理。大力培育网络文化知识产权，严厉打击网络盗版行为，提升网络文化产业输出能力。

（十一）在线教育普惠行动。

行动目标：到2018年，"宽带网络校校通"、"优质资源班班通"、"网络学习空间人人通"取得显著进展；到2020年，基本建成数字教育资源公共服务体系，形成覆盖全国、多级分布、互联互通的数字教育资源云服务体系。

促进在线教育发展。建设适合我国国情的在线开放课程和公共服务平台，支持具有学科专业和现代教学技术优势的高等院校开放共享优质课程，提供全方位、高质量、个性化的在线教学服务。支持党校、行政学院、干部学院开展在线教育。

创新教育管理制度。推进在线开放课程学分认定和管理制度创新，鼓励高等院校将在线课程纳入培养方案和教学计划。加强对在校教师和技术人员开展在线课程建设、课程应用以及大数据分析等方面培训。

缩小城乡学校数字鸿沟。完善学校教育信息化基础设施建设，基本实现各级各类学校宽带网络全面覆盖、网络教学环境全面普及，通过教育信息化加快优质教育资源向革命老区、民族地区、边远地区、贫困地区覆盖，共享教育发展成果。

加强对外交流合作。运用在线开放课程公共服务平台，推动国际科技文化交流，优先引进前沿理论、工程技术等领域的优质在线课程。积极推进我国大规模在线开放课程（慕课）走出去，大力弘扬中华优秀传统文化。

（十二）健康中国信息服务行动。

行动目标：到 2018 年，信息技术促进医疗健康服务便捷化程度大幅提升，远程医疗服务体系基本形成；到 2020 年，基于感知技术和产品的新型健康信息服务逐渐普及，信息化对实现人人享有基本医疗卫生服务发挥显著作用。

打造高效便捷的智慧健康医疗便民惠民服务。实施国民电子健康信息服务计划，完善基于新型信息技术的互联网健康咨询、预约分诊、诊间结算、移动支付和检验检查结果查询、随访跟踪等服务，为预约患者和预约转诊患者优先安排就诊，全面推行分时段预约。

全面推进人口健康信息服务体系。全面建成统一权威、互联互通的人口健康信息平台，强化公共卫生、计划生育、医疗服务、医疗保障、药品供应、综合管理等应用信息系统数据集成、集成共享和业务协同，基本实现城乡居民拥有规范化的电子健康档案和功能完备的健康卡。实施健康中国云服务计划，构建健康医疗服务集成平台，提供远程会诊、远程影像、病理结果、心电诊断服务，健全检查检验结果互认共享机制。运用互联网手段，提高重大疾病和突发公共卫生事件应急能力，建立覆盖全国医疗卫生机构的健康传播和远程教育视频系统。完善全球公共卫生风险监测预警决策系统，建立国际旅行健康网络，为出入境人员提供旅行健康安全保障服务。

促进和规范健康医疗大数据应用。推进健康医疗临床和科研大数据应用，加强疑难疾病等重点方面的研究，推进基因芯片和测序技术在遗传性疾病诊断、癌症早期诊断和疾病预防检测中的应用，推动精准医疗技术发展。推进公共卫生大数据应用，全面提升公共卫生监测评估和决策管理能力。推动健康医疗相关的人工智能、生物三维打印、医用机器人、可穿戴设备以及相关微型传感器等技术和产品在疾病预防、卫生应急、健康保健、日常护理中的应用，推动由医疗救治向健康服务转变。

六、政策措施

（一）完善法律法规，健全法治环境。

完善信息化法律框架，统筹信息化立法需求，优先推进电信、网络安全、密码、个人信息保护、电子商务、电子政务、关键信息基础设施等重点领域相关立法工作。加快推动政府数据开放、互联网信息服务管理、数据权属、数据管理、网络社会管理等相关立法工作。完善司法解释，推动现有法律延伸适用到网络空间。理顺网络执法体制机制，明确执法主体、执法权限、执法标准。加强部门信息共享与执法合作，创新执法手段，形成执法合力。提高全社会自觉守法意识，营造良好的信息化法治环境。

（二）创新制度机制，优化市场环境。

加大信息化领域关键环节市场化改革力度，推动建立统一开放、竞争有序的数字市场体系。加快开放社会资本进入基础电信领域竞争性业务，形成基础设施共建共享、业务服务相互竞争的市场格局。健全并强化竞争性制度和政策，放宽融合性产品和服务准入限制，逐步消除新技术、新业务进入传统领域的壁垒，最大限度激发微观活力。建立网信领域市场主体准入前信用承诺制度，推动电信和互联网等行业外资准入改革，推动制定新兴行业监管标准，建立有利于信息化创新业务发展的行业监管模式。积极运用大数据分析等技术手段，加强对互联网平台企业、小微企业的随机抽查等事中事后监管，实施企业信用信息依法公示、社会监督和失信联合惩戒。推动建立网信领域信用管理机制，建立诚信档案、失信联合惩戒制度，加强网络资费行为监管，严格查处市场垄断行为。

（三）开拓投融资渠道，激发发展活力。

综合运用多种政策工具，引导金融机构扩大对信息化企业信贷投放。鼓励创业投资、股权投资等基金积极投入信息化发展。规范有序开展互联网金融创新试点，支持小微企业发展。推进产融结合创新试点，探索股权债权相结合的融资服务。深化创业板改革，支持符合条件的创新型、成长型互联网企业上市融资，研究特殊股权结构的境外上市企业在境内上市的制度政策。鼓励金融机构加强产品和服务创新，在风险可控的前提下，加大对信息化重点领域、重大工程和薄弱环节的金融支持。积极发展知识产权质押融资、信用保险保单融资增信等新型服务，支持符合条件的信息通信类高新企业发行公司债券和非金融企业债务融资工具筹集资金。在具有战略意义、投资周期长的重点领域，积极探索政府和社会资本合作（PPP）模式，建立重大信息化工程 PPP 项目库，明确风险责任、收益边界，加强绩效评价，推动重大信息化工程项目可持续运营。

（四）加大财税支持，优化资源配置。

完善产业投资基金机制，鼓励社会资本发起设立产业投资基金，重点引导基础软件、基础元器件、集成电路、互联网等核心领域产业投资基金发展。创新财政资金支持方式，统筹现有国家科技计划（专项、基金等），按规定支持关键核心技术研发和重大技术试验验证。强化中央财政资金的引导作用，完善政府采购信息化服务配套政策，推动财政支持从补建设环节向补运营环节转变。符合条件的企业，按规定享受相关税收优惠政策；落实企业研发费用加计扣除政策，激励企业增加研发投入，支持创新型企业发展。

（五）着力队伍建设，强化人才支撑。

建立适应网信特点的人才管理制度，着力打破体制界限，实现人才的有序顺畅流动。建立完善科研成果、知识产权归属和利益分配机制，制定人才入股、技术入股以及税收等方面的支持政策，提高科研人员特别是主要贡献人员在科技成果转化中的收益比例。聚焦信息化前沿方向和关键领域，依托国家"千人计划"等重大人才工程和"长江学者奖励计划"等人才项目，加快引进信息化领军人才。开辟专门渠道，实施特殊政策，精准引进国家急需紧缺的特殊人才。加快完善外国人才来华签证、永久居留制度。建立网信领域海外高端人才创新创业基地，完善配套服务。建立健全信息化专家咨询制度，引导构建产业技术创新联盟，开展信息化前瞻性、全局性问题研究。推荐信息化领域优秀专家到国际组织任职。支持普通高等学校、军队院校、行业协会、培训机构等开展信息素养培养，加强职业信息技能培训，开展农村信息素养知识宣讲和信息化人才下乡活动，提升国民信息素养。

（六）优化基础环境，推动协同发展。

完善信息化标准体系，建立国家信息化领域标准化工作统筹推进机制，优化标准布局，加快关键领域标准制修订工作，提升标准实施效益，增强国际标准话语权。加强知识产权运用和保护，制定融合领域关键环节的专利导航和方向建议清单，鼓励企业开展知识产权战略储备与布局；加快推进专利信息资源开放共享，鼓励大型信息服务企业和制造企业建立交叉交换知识产权池；建立知识产权风险管理体系，健全知识产权行政执法与司法保护优势互补、有机衔接的机制，提高侵权代价和违法成本。健全社会信用体系，加强各地区、各部门信用信息基础设施建设，推进信用信息平台无缝对接，全面推行统一的社会信用代码制度，构建多层次的征信和支付体系；加强分享经济等新业态信用建设，运用大数据建立以诚信为核心的新型市场监管机制。加快研究纳入国民经济和社会发展统计的信息化统计指标，建立完善信息化统计监测体系。

七、组织实施

各地区、各部门要进一步提高思想认识，在中央网络安全和信息化领导小组的统一领导和统筹部署下，把信息化工作提上重要日程，加强组织领导，扎实开展工作，提高信息化发展的整体性、系统性和协调性。中央网信办、国家发展改革委负责制定规划实施方案和年度工作计划，统筹推进各项重大任务、重点工程和优先行动，跟踪督促各地区、各部门的规划实施工作，定期开展考核评估并向社会公布考评情况。各有关部门要按照职责分工，分解细化任务，明确完成时限，加强协调配合，确保各项任务落地实施。地方各级人民政府要加强组织实施，落实配套政策，结合实际科学合理定位，扎实有序推动信息化发展。各地区、各部门要进一步强化责任意识，建立信息化工作问责制度，对工作不力、措施不实、造成严重后果的，要追究有关单位和领导的责任。

中央网信办、国家发展改革委要聚焦重点行业、重点领域和优先方向，统筹推进信息化试点示范工作，组织实施一批基础好、成效高、带动效应强的示范项目，防止一哄而起、盲目跟风，避免重复建设。各地区、各有关部门要发挥好试点示范作用，坚持以点带面、点面结合，边试点、边总结、边推广，推动信息化发展取得新突破。

附件：重点任务分工方案

附件：

重点任务分工方案

序号	重点工作	负责单位
1	打造自主先进的技术体系，制定网络强国工程实施纲要，组织实施网络强国工程。	中央网信办、国家发展改革委、工业和信息化部牵头，科技部、公安部、中科院等按职责分工负责
2	强化战略性前沿技术超前布局，加强新技术和新材料的基础研发和前沿布局，组织实施核心技术超越工程。	科技部牵头，国家发展改革委、工业和信息化部、中央网信办、中科院、工程院、中央军委科学技术委员会等按职责分工负责
3	推进产业生态体系协同创新，统筹基础研究、技术创新、产业发展、市场应用、标准制定与网络安全各环节联动协调发展，组织实施信息产业体系创新工程。	中央网信办、国家发展改革委、工业和信息化部牵头，科技部、公安部、教育部、国务院国资委、国家标准委、国家知识产权局等按职责分工负责
4	加快高速宽带网络建设，全面推进三网融合。	工业和信息化部、新闻出版广电总局牵头，国家发展改革委、财政部、公安部、中央网信办等按职责分工负责
5	加强规划设计和组织实施，消除宽带网络接入"最后一公里"瓶颈，进一步推进网络提速降费。	工业和信息化部牵头，中央网信办、国家发展改革委、住房城乡建设部、国务院国资委等按职责分工负责
6	建设陆海空天一体化信息基础设施，建立国家网络空间基础设施统筹协调机制，加快空间互联网部署，组织实施陆海空天一体化信息网络工程。	工业和信息化部、国家发展改革委、中央网信办、国家国防科工局牵头，公安部、财政部、国家海洋局、军队有关部门等按职责分工负责

序号	重点工作	负责单位
7	统筹建设综合基础设施,加快电网、铁路、公路、水利等公共设施和市政基础设施智能化转型。	国家发展改革委、工业和信息化部、交通运输部、国家铁路局、国家能源局、住房城乡建设部、水利部、科技部、国务院国资委、国家标准委、国家海洋局等按职责分工负责
8	优化国家频谱资源配置,加强无线电频谱管理,合理规划利用卫星频率和轨道资源。	工业和信息化部牵头,新闻出版广电总局、国家国防科工局、军队有关部门等按职责分工负责
9	加快农村及偏远地区网络覆盖,组织开展电信普遍服务试点工作,组织实施宽带乡村和中西部地区中小城市基础网络完善工程。	工业和信息化部、财政部、国家发展改革委等按职责分工负责
10	加强数据资源规划建设,加快推进政务数据资源、社会数据资源、互联网数据资源建设,组织实施国家大数据发展工程。	国家发展改革委、中央网信办牵头,中央办公厅、国务院办公厅、工业和信息化部、公安部、工商总局、交通运输部、国家卫生计生委、环境保护部、人力资源社会保障部、科技部、安全监管总局、国家国防科工局、国家海洋局等按职责分工负责
11	加强数据资源管理,建立数据产权保护、数据开放、隐私保护相关政策法规和标准体系。	国家发展改革委、中央网信办牵头,工业和信息化部、公安部、国务院法制办、国家标准委、国家国防科工局等按职责分工负责

序号	重点工作	负责单位
12	推动数据资源应用，稳步推进公共数据资源向社会开放，组织实施国家互联网大数据平台建设工程。	国家发展改革委、中央网信办牵头，国务院办公厅、工业和信息化部、科技部、公安部、人力资源社会保障部、国土资源部、文化部、人民银行、工商总局、质检总局、安全监管总局、国务院法制办、国家统计局、国家测绘地信局、中科院、国家国防科工局、国家海洋局等按职责分工负责
13	加强数据安全保护，实施大数据安全保障工程，建立跨境数据流动安全监管制度。	中央网信办、工业和信息化部、公安部牵头，安全部、海关总署、国家国防科工局、国家密码局等按职责分工负责
14	组织实施"互联网+"重大工程，推进"互联网+"行动。	国家发展改革委牵头，工业和信息化部、中央网信办、公安部、农业部、人民银行、国家能源局、质检总局等按职责分工负责
15	推进信息化和工业化深度融合，实施"中国制造2025"，组织实施制造业与互联网融合发展应用与推广工程。	工业和信息化部牵头，国家发展改革委、质检总局、安全监管总局等按职责分工负责
16	推进农业信息化，实施"互联网+"现代农业行动，组织实施农业农村信息化工程。	农业部、水利部牵头，国家发展改革委、工业和信息化部、商务部、国家统计局、质检总局等按职责分工负责

序号	重点工作	负责单位
17	发展电子商务，大力推进"互联网+流通"发展，加强智慧流通基础设施建设，支持移动电商、社区电商、农村电商和跨境电商等新型电商模式发展。	商务部牵头，工业和信息化部、国家发展改革委、农业部、交通运输部、国家卫生计生委、教育部、国家统计局、海关总署、质检总局、中央网信办等按职责分工负责
18	培育发展新兴业态，组织实施信息经济创新发展工程。	中央网信办、国家发展改革委牵头，工业和信息化部、农业部、商务部、交通运输部、人民银行等按职责分工负责
19	统筹发展电子政务，建立国家电子政务统筹协调机制，统筹共建电子政务公共基础设施，加快推进人大信息化建设，加快政协信息化建设，大力推进"智慧法院"建设，积极打造"智慧检务"，加强国家电子文件管理。	中央网信办、国家发展改革委牵头，中央办公厅、国务院办公厅、全国人大常委会办公厅、全国政协办公厅、最高人民法院、最高人民检察院、工业和信息化部、科技部、公安部、国家标准委等按职责分工负责
20	区分轻重缓急分级分类持续推进打破信息壁垒和孤岛，采取授权使用等机制解决信息安全问题，构建统一高效、互联互通、安全可靠的国家数据资源体系，打通各部门信息系统，推动信息跨部门跨层级共享共用。"十三五"时期在政府系统率先消除信息孤岛。	国家发展改革委、中央网信办牵头，各有关部门按职责分工负责

序号	重点工作	负责单位
21	创新社会治理，加快建设安全生产隐患排查治理体系、风险预防控制体系和社会治安立体防控体系，推进网上综合防控体系建设，建立和完善自然灾害综合管理信息系统、重大和重要基础设施综合管理信息系统、安全生产监管信息系统、国家应急平台、社会治安综合治理信息系统和公安大数据中心。	公安部、民政部、国家发展改革委、安全监管总局、司法部、国务院办公厅、中央网信办等按职责分工负责
22	实施信息惠民工程，拓展民生服务渠道，创新民生服务供给模式，加快推进交通一卡通互联互通，建立全人群覆盖、全天候受理、公平普惠的民生公共服务体系。	国家发展改革委牵头，财政部、教育部、公安部、民政部、人力资源社会保障部、国家卫生计生委、国家民委、司法部、交通运输部、国家标准委等按职责分工负责
23	建立健全网信军民融合机制，加快网信军民融合立法进程，实施军地网信人才融合发展计划。	中央网信办、中央军委战略规划办公室牵头，国家发展改革委、工业和信息化部、公安部、国家国防科工局、国务院法制办、中央军委训练管理部、中央军委装备发展部等按职责分工负责
24	推进信息基础设施共建共用共享，组织实施网信军民深度融合工程。	中央网信办、中央军委战略规划办公室牵头，国家发展改革委、工业和信息化部、公安部、国家国防科工局、中央军委训练管理部、中央军委装备发展部等按职责分工负责

序号	重点工作	负责单位
25	加快军民技术双向转化，有序推动军民重点实验室互相开放，发展军民一体信息产业。	中央网信办、中央军委战略规划办公室牵头，国家发展改革委、科技部、工业和信息化部、国家国防科工局、中央军委装备发展部、中央军委科学技术委员会、国家标准委等按职责分工负责
26	建立开放共赢的国际合作体系，组织实施信息化国际枢纽工程。	国家发展改革委、中央网信办、中央军委装备发展部牵头，外交部、商务部、工业和信息化部、科技部、国家国防科工局、中科院、国家标准委等按职责分工负责
27	鼓励和支持网信企业走出去，推动区域数字经济合作，实施网信援外计划，加快推进中国标准走出去。	中央网信办牵头，国家发展改革委、财政部、工业和信息化部、商务部、外交部、国家标准委等按职责分工负责
28	健全企业走出去境外维权援助体系，完善领事保护机制，建立公益性专利信息服务平台。	外交部、国家知识产权局、中央网信办等按职责分工负责
29	顺应广大人民群众呼声，加强对网络安全环境的治理，依法严厉打击网络电信诈骗等违法行为，形成高压态势，让人民群众安全放心使用网络。	公安部牵头，工业和信息化部、人民银行、中央网信办等按职责分工负责

序号	重点工作	负责单位
30	依法加强网络空间治理，组织实施网络内容建设工程。	中央网信办牵头，中央宣传部、文化部、公安部、新闻出版广电总局、国家保密局等按职责分工负责
31	加强互联网基础资源管理，建设网络可信体系，探索建立全国统一的网络证照服务体系。	中央网信办、公安部、工业和信息化部牵头，其他相关部门按职责分工负责
32	创新网络社会治理，组织实施网络文明建设工程。	中央网信办牵头，中央宣传部、中央文明办、民政部、公安部、文化部等按职责分工负责
33	深度参与国际网络空间治理，推动建立多边、民主、透明的国际互联网治理体系。	中央网信办、外交部牵头，工业和信息化部、公安部等按职责分工负责
34	强化网络安全顶层设计，完善网络安全法律法规体系，建立完善网络安全管理制度和标准体系，创建一流网络安全学院。	中央网信办牵头，工业和信息化部、公安部、教育部、国务院法制办、国家标准委等按职责分工负责
35	构建关键信息基础设施安全保障体系。	中央网信办、公安部、国家保密局牵头，中央办公厅、国家发展改革委、工业和信息化部、安全部、财政部、国家国防科工局、国家密码局等按职责分工负责
36	实施网络安全审查制度。	中央网信办牵头，公安部、工业和信息化部、安全部、科技部、国家国防科工局等按职责分工负责

续表

序号	重点工作	负责单位
37	全天候全方位感知网络安全态势，组织实施网络安全监测预警和应急处置工程。	中央网信办、公安部牵头，工业和信息化部、国家发展改革委、国家保密局等按职责分工负责
38	强化网络安全科技创新能力，组织实施网络安全保障能力建设工程。	中央网信办、国家发展改革委牵头，科技部、工业和信息化部、公安部、国家标准委、国家保密局等按职责分工负责
39	组织实施信息安全专项，建立关键信息基础设施安全防护平台，支持关键基础设施和重要信息系统，整体提升安全防御能力。	国家发展改革委牵头，中央网信办、工业和信息化部、公安部、国务院国资委等按职责分工负责
40	组织实施新一代信息网络技术超前部署行动，加快推进 5G 技术研究和产业化，加快推进下一代广播电视网建设与融合，推动下一代互联网商用进程，超前布局未来网络。	工业和信息化部、新闻出版广电总局、国家发展改革委、科技部、中科院、中央网信办等按职责分工负责
41	组织实施北斗系统建设应用行动，统筹推进北斗建设应用，加强北斗核心技术突破，加快北斗产业化进程，开拓卫星导航服务国际市场。	中央网信办、中央军委装备发展部、中央军委联合参谋部、国家发展改革委牵头，工业和信息化部、科技部、财政部、公安部、国家国防科工局、国家测绘地信局等按职责分工负责
42	组织实施应用基础设施建设行动，统筹规划全国数据中心建设布局，提升云计算自主创新能力，积极推进物联网发展。	国家发展改革委、工业和信息化部、科技部、财政部、中央网信办、公安部等按职责分工负责

序号	重点工作	负责单位
43	组织实施数据资源共享开放行动，构建全国信息资源共享体系，稳步实施公共信息资源共享开放，规范数据共享开放管理。	国家发展改革委牵头，中央网信办、工业和信息化部、公安部等按职责分工负责
44	组织实施"互联网+政务服务"行动，构建形成方便快捷、公平普惠、优质高效的政务服务信息系统。	国务院办公厅、国家发展改革委牵头，财政部、教育部、公安部、民政部、人力资源社会保障部、住房城乡建设部、国家卫生计生委、国务院法制办、国家标准委、司法部、安全监管总局等按职责分工负责
45	组织实施美丽中国信息化专项行动，加强自然资源动态监测和监管，创新区域环境污染防治与管理，大力发展绿色智慧产业。推进"互联网+智慧能源"发展。	环境保护部牵头，国家发展改革委、国家能源局、国土资源部、工业和信息化部、水利部、国家海洋局等按职责分工负责
46	组织实施网络扶贫行动，实施网络覆盖工程、电商扶贫工程、网络扶智工程、扶贫信息服务工程、网络公益工程。	中央网信办、国家发展改革委、国务院扶贫办牵头，中央组织部、教育部、科技部、工业和信息化部、民政部、财政部、人力资源社会保障部、交通运输部、农业部、水利部、商务部、国家卫生计生委、国家旅游局、国家邮政局、共青团中央、全国妇联、国家民委、司法部、供销合作总社等按职责分工负责

序号	重点工作	负责单位
47	组织实施新型智慧城市建设行动，分级分类推进新型智慧城市建设，打造智慧高效的城市治理，推动城际互联互通和信息共享，建立安全可靠的运行体系。	国家发展改革委、中央网信办牵头，住房城乡建设部、科技部、工业和信息化部、公安部、安全监管总局等按职责分工负责
48	组织实施网上丝绸之路建设行动，推动网上丝绸之路经济合作试验区建设。	国家发展改革委、中央网信办牵头，工业和信息化部、财政部、商务部、海关总署、税务总局、工商总局、质检总局、社科院等按职责分工负责
49	组织实施繁荣网络文化行动，加快文化资源数字化进程，推动传统媒体与新兴媒体融合发展，加强网络文化阵地建设，大力发展网络文化市场。	中央网信办、文化部、中央宣传部、国家发展改革委、新闻出版广电总局、社科院等按职责分工负责
50	组织实施在线教育普惠行动，促进在线教育发展，创新教育管理制度，缩小城乡学校数字鸿沟，加强对外交流合作。	教育部牵头，中央组织部等按职责分工负责
51	组织实施健康中国信息服务行动，打造高效便捷的智慧健康医疗便民惠民服务，全面推进面向全民的人口健康信息服务体系，促进和规范健康医疗大数据应用，完善全球公共卫生风险监测预警决策系统，建立国际旅行健康网络，为出入境人员提供旅行健康安全保障服务。	国家卫生计生委、质检总局牵头，国家发展改革委、工业和信息化部、财政部、人力资源社会保障部、公安部、食品药品监管总局、国家中医药局、国家旅游局、外交部、交通运输部、中国民航局等按职责分工负责

续表

序号	重点工作	负责单位
52	加快信息化法律制度建设，优先推进电信、网络安全、密码、个人信息保护、电子商务、电子政务、关键信息基础设施等重点领域相关立法工作，加快推进政府数据开放、互联网信息服务管理、数据权属、数据管理、网络社会管理等相关立法工作。	中央网信办、全国人大常委会法工委、国务院法制办牵头，国家发展改革委、工业和信息化部、公安部、商务部、工商总局、国家保密局、国家密码局、国家国防科工局等按职责分工负责
53	推动信息化领域市场开放，健全并强化竞争性制度和政策，放宽融合性产品和服务准入限制，逐步消除新技术新业务进入传统领域的壁垒，最大限度激发微观活力。	国家发展改革委、工业和信息化部、中央网信办、社科院、国家保密局、商务部、工商总局、交通运输部、人民银行、银监会、证监会、保监会等按职责分工负责
54	创新监管制度，建立信息领域市场主体准入前信用承诺制度，完善电信和互联网等网信行业外资准入改革。	商务部、工商总局、中央网信办、工业和信息化部、公安部等按职责分工负责
55	强化事中事后监管，实施企业信用信息依法公示、社会监督和失信联合惩戒，推动建立网信领域信用管理机制，建立诚信档案和失信联合惩戒制度。	国家发展改革委、工商总局、商务部、人民银行、银监会、证监会、保监会、最高人民法院、最高人民检察院、工业和信息化部、公安部、安全监管总局等按职责分工负责

序号	重点工作	负责单位
56	规范有序开展互联网金融创新试点，支持小微企业发展。推进产融结合创新试点，探索股权债权相结合的融资服务。深化创业板改革，支持符合条件的创新型、成长型互联网企业上市融资，研究特殊股权结构的境外上市企业在境内上市的制度政策。	人民银行、银监会、证监会、保监会、工业和信息化部、国家发展改革委、中央网信办、工商总局、商务部等按职责分工负责
57	完善金融服务，积极发展知识产权质押融资、信用保险保单融资增信等新型服务，支持符合条件的信息通信类高新企业发行公司债券，通过债券融资方式支持信息化发展。	人民银行、工业和信息化部、银监会、证监会、保监会、国家知识产权局等按职责分工负责
58	完善产业投资基金机制，鼓励社会资本发起设立产业投资基金。	国家发展改革委、财政部、工业和信息化部、科技部等按职责分工负责
59	统筹现有国家科技计划（专项、基金等），支持关键核心技术研发和重大技术试验验证，强化关键共性技术研发供给。	科技部、国家发展改革委、工业和信息化部等按职责分工负责
60	创新财政资金支持方式，强化中央财政资金引导，完善政府采购信息化服务配套政策。	财政部、国家发展改革委、工业和信息化部等按职责分工负责
61	落实企业研发费用加计扣除等支持创新型企业发展的税收优惠政策。	财政部、税务总局按职责分工负责

序号	重点工作	负责单位
62	健全人才激励体制，建立适应网信特点的人事制度、薪酬制度、评价机制，建立信息化领域产权激励机制。	人力资源社会保障部、国家发展改革委、教育部、科技部、工业和信息化部、财政部、国家知识产权局、社科院按职责分工负责
63	加强海外高端人才引进力度，加快引进信息化人才，建立网信领域海外高端人才创新创业基地。	中央组织部、国家发展改革委、教育部、科技部、工业和信息化部、人力资源社会保障部、外交部、财政部、国家外专局、中科院、社科院、工程院按职责分工负责
64	加强高端智库建设，建立健全信息化领域专家咨询制度，引导构建产业技术创新联盟。	中央网信办、国家发展改革委、工业和信息化部牵头，教育部、科技部、中科院、社科院、国家外专局按职责分工负责
65	提升国民信息素养，支持普通高等学校、军队院校、行业协会、培训机构等开展信息素养培养，加大重点行业工人职业信息技能培训力度，完善失业人员再就业技能培训机制，开展农村信息素养知识宣讲和信息化人才下乡活动。	中央网信办牵头，教育部、民政部、人力资源社会保障部、农业部、中央军委训练管理部等按职责分工负责
66	健全和完善信息化标准体系，建立国家信息化标准统筹协调推进机制，开展关键领域标准制修订工作。	中央网信办、工业和信息化部、国家标准委牵头，国家发展改革委、科技部、公安部等按职责分工负责

序号	重点工作	负责单位
67	加强知识产权运用和保护，制定融合领域关键环节的专利导航和方向建议清单，加快推进专利信息资源开放共享。	国家知识产权局、中央网信办等按职责分工负责
68	健全社会信用体系，持续推进各领域信用信息平台无缝对接，构建多层次的征信和支付体系。健全互联网领域信用体系，推动运用大数据建立以诚信为核心的新型市场监管机制。	国家发展改革委牵头，人民银行、工商总局、中央综治办、中央网信办、公安部等按职责分工负责
69	建立信息化统计监测体系，完善信息化统计监测工作机制。	中央网信办、国家统计局牵头，工业和信息化部、国家发展改革委等按职责分工负责
70	加强组织领导，加强全国信息化工作的统一谋划、统一部署、统一推进、统一实施。	中央网信办牵头，各地区、各部门按职责分工负责
71	有序推进实施，制定规划实施方案和年度工作计划，统筹推进规划确定的重大任务、重点工程和优先行动。	中央网信办、国家发展改革委牵头，各地区、各部门按职责分工负责
72	规范试点示范，防止一哄而起、盲目跟风，避免重复建设。	中央网信办、国家发展改革委牵头，各地区、各部门按职责分工负责
73	完善考核评估，向社会公开发布各地区、各部门信息化考核评估情况。	中央网信办、国家发展改革委牵头，各地区、各部门按职责分工负责
74	强化责任意识，建立信息化工作问责制度。	中央网信办、国家发展改革委牵头，各地区、各部门按职责分工负责

加强信息共享促进产融合作行动方案

工业和信息化部　中国人民银行

中国银行业监督管理委员会

关于印发《加强信息共享促进产融合作行动方案》的通知

工信部联财〔2016〕83号

各省、自治区、直辖市、计划单列市工业和信息化主管部门，新疆生产建设兵团工业和信息化主管部门，中国人民银行上海总部，各分行、营业管理部、各省会（首府）城市中心支行、各副省级城市中心支行，各银监局，各政策性银行、大型银行、股份制银行，邮政储蓄银行，有关中央企业：

为贯彻落实国务院有关工作部署，积极推进供给侧结构性改革，增强金融支持政策的导向性、针对性、有效性和可操作性，支持《中国制造2025》加快实施，促进工业稳增长调结构增效益，工业和信息化部、中国人民银行、中国银行业监督管理委员会制定了《加强信息共享促进产融合作行动方案》，现予印发，请遵照执行。

促进产融合作，是通过建立银企交流机制，强化信息交流共享，促进金融资源向实体经济企业集聚的有效途径，有利于提高金融资源配置效率，有利于实现产业与金融协调发展、互利共赢，有利于推进制造强国和网络强国建设。各地要高度重视，建立和完善产融合作工作机制，加强组织领导，创新方式方法，采取多种有效形式开展银企信息对接活动，深入开展产融合作，为产业提质增效、转型升级创造良好的融资环境。

2016 年 3 月 2 日

为贯彻落实国务院有关工作部署，积极推进供给侧结构性改革，支持《中国制造 2025》加快实施，促进工业稳增长、调结构、增效益，工业和信息化部、中国人民银行、中国银行业监督管理委员会决定建立产融信息对接工作机制，强化信息共享，促进政策协同，提升金融服务实体经济的能力和效率，引导产业与金融协调发展、互利共赢，推动产业提质增效、转型升级。

一、建立重点企业和重点项目融资信息对接清单

（一）发挥工业和信息化主管部门的优势，及时汇总纳入政府支持、有融资需求的重点企业和重点项目，并结合产业政策、产业发展方向、产业规划布局等对企业融资需求进行分析、评估和筛选，形成重点企业和重点项目融资信息对接清单，为银行业金融机构实施差别化信贷政策提供参考。

（二）中国人民银行、中国银行业监督管理委员会引导银行业金融机构主动对接重点企业和重点项目融资需求，银行业金融机构按照自主决策、风险可控、商业可持续的原则，对符合信贷条件的重点企业和重点项目，积极给予支持，提高金融服务效率。

二、建立产融信息对接服务平台

（三）充分利用大数据、云计算等信息技术手段，依托各地工业和信息化系统，建立产融信息对接服务平台，建立方便、快捷、高效的信息沟通交流渠道，实现企业融资需求网上申请、即时汇总、分类整理、及时推荐，提高产融信息对接效率。

（四）工业和信息化部及时发布产业政策、产业规划等信息，方便企业及时了解产业政策动向，促进金融机构及时制定有针对性的行业信贷政策。

三、坚持分类施策，加大精准支持

（五）明确重点领域，加大支持力度。对符合《中国制造2025》、"互联网+"行动计划、"一带一路"建设、京津冀协同发展、长江经济带等重大战略以及国家重点发展的智能制造装备、航空航天、新能源汽车、电子信息、海洋工程装备和高技术船舶、新材料等领域符合信贷条件的重点企业，要加大支持力度。

（六）注重分业指导，做好相关金融服务。对拥有新技术、新工艺等创新产品的企业，要积极跟踪了解市场发展情况，在落实信贷条件的基础上，给予合理支持。对"互联网+"领域内"轻资产"类项目或企业，要创新信贷产品，拓宽合格抵质押品范围，做好金融服务。对冶金、有色、建材、船舶等行业有市场、有效益、有技术、资产状况良好、符合规范（准入）条件、环境保护和安全生产持续达标的企业和技术改造项目，不搞"一刀切"，对符合信贷条件的继续支持其合理信贷需求。引导银行业金融机构优化信贷政策，支持产能过剩行业相关企业兼并重组。

（七）压缩相关贷款，促进相关企业市场出清。对长期亏损、失去清偿能力和市场竞争力的"僵尸企业"，或环保、安全生产不达标且整改无望的企业，以及产能过剩行业未依法取得合规手续的新增产能和落后产能，要在做好资产保全的同时，坚决压缩退出相关贷款。

四、大力创新金融支持方式

（八）银行业金融机构要制定差别化信贷政策，按照市场化原则采取增贷、稳贷、压贷等针对性措施。要积极开发针对不同类型企业的融资服务，满足企业对银行服务的多样化融资需求，逐渐实现由主要提供信贷单一产品向为客户提供个性化的综合金融解决方案转变。

（九）银行业金融机构要创新适合工业和通信业发展的信贷产品，积极发展能效信贷、绿色信贷和排污权、商标权、碳排放权及政府采购订单质押融资等信贷业务。

（十）银行业金融机构要积极发展"双创"金融产品和服务。支持银行业金融机构开发创业创新的贷款新产品、新业务，开展应收账款、仓单、知识产权等质押融资。

（十一）鼓励企业采用企业债券、资产证券化等多种融资手段，拓宽企业融资渠道。

五、积极完善产业链金融服务

（十二）支持符合国家产业政策、核心主业突出、具有较强行业竞争力、具备一定资金集中管理经验的企业集团设立财务公司，有效提高企业集团内部资金运作效率，降低企业融资成本。

（十三）探索开展集团财务公司延伸产业链金融服务试点，

有效发挥财务公司对集团公司主业发展的支持作用。

（十四）鼓励和支持企业采用融资租赁方式购置先进设备，加强与金融租赁公司、融资租赁公司合作，缓解企业资金不足问题，拓宽重大装备、工程机械等产品市场。

六、强化企业管理，提升企业的融资能力

（十五）积极推动纳入产融信息对接平台的企业提升管理水平，指导企业完善内控制度和公司治理，强化企业诚信体系建设，提高企业资金管理水平和风险防控能力。

（十六）加强对相关企业的融资能力培训，对企业利用新三板、战略新兴板、区域性股权市场等融资渠道要加强辅导，提升企业高级管理人员、财务人员的业务水平，增强企业的投融资规划能力。

（十七）引导企业加强财务状况、产品质量、环境保护、安全生产、能耗水耗等方面的信息披露，减少银企关系中的信息不对称，防范企业逃废银行债务、虚假诈骗融资等失信行为，提高违约违法成本。

七、加强组织保障

（十八）为保证工作顺利推进，工业和信息化部会同中国人民银行、中国银行业监督管理委员会建立产融信息对接工作协调机制，相关金融机构、重点企业及有关行业协会、专业机构和专家参加，强化信息共享，及时沟通银企信息对接进展情况，并协调解决特殊行业出现的重大问题。

（十九）各地要建立工业和信息化主管部门会同中国人民银行各分支机构、中国银行业监督管理委员会各派驻机构等部门参加的工作机制，加强组织领导，因地制宜开展银企信息对接活动。抓紧建立本地区重点企业和重点项目融资需求清单，组织清单内企业与区域内金融机构开展信息对接。有条件的地方要创新支持方式，发挥财政资金的政策引导和杠杆作用，支持银企信息对接和产融合作项目开展。

（二十）对产业转型升级和行业发展有重大支撑引领作用、且需要国家层面协调解决的重大项目融资需求，由省级工业和信息化主管部门汇总后，通过产融信息对接服务平台报送工业和信息化部（财务司），中央企业直接报送工业和信息化部（财务司）。推荐单位负责审核企业融资信息的真实性、有效性、完整性。

（二十一）工业和信息化部组织行业协会和专家对各地和中央企业报送的重大融资需求清单进行筛选，并通过产融信息对接服务平台发送各银行业金融机构。

（二十二）工业和信息化部会同中国人民银行、中国银行业监督管理委员会加强对融资信息对接项目的跟踪、分析、评估。各地要加强信息报送，适时将银企对接成果及成功经验做法书面报送工业和信息化部、中国人民银行、中国银行业监督管理委员会，工作开展中的重大问题要及时报告。

关于深入推进信息化和工业化
融合管理体系的指导意见

工信部联信软〔2017〕155 号

各省、自治区、直辖市及计划单列市、新疆生产建设兵团工业和信息化、国有资产监督管理、质量技术监督（市场监管）部门，有关中央企业，有关行业协会，有关单位：

持续推进信息化和工业化深度融合（以下简称两化融合），是党中央、国务院的战略部署，两化融合管理体系是推进两化深度融合的重要举措和有力抓手。当前，两化融合管理体系工作正在从试点应用走向全面普及，在凝聚社会共识、转变行业管理方式、激发市场活力、提升企业竞争力等方面取得明显进展，但总体上仍处于起步阶段，在标准体系、贯标广度深度、协同工作机制、社会认可度、人才队伍建设等方面有待进一步加强。为贯彻落实《中国制造 2025》《国务院关于深化制造业与互联网融合发展的指导意见》，深入实施《信息化和工业化融合发展规划（2016—2020 年）》，推广普及两化融合管理体系，加速技术创新和管理变革，提升全要素生产率和产业竞争力，加快制造强国建设，提出以下意见。

一、总体要求

（一）指导思想

全面贯彻党的十八大和十八届三中、四中、五中、六中全会精神，牢固树立创新、协调、绿色、开放、共享的发展理念，以建设新型能力为主线，以建立和推广两化融合管理体系标准为抓手，以构建数据驱动的系统解决方案为着力点，持续推动两化融合创新发展，培育制造业、互联网和金融跨界融合新生态，提升企业创新活力、发展潜力、转型动力，加快推进供给侧结构性改革、经济发展方式转变和实体经济升级。

（二）基本原则

坚持企业主体。充分发挥市场在资源配置中的决定性作用和更好发挥政府作用，尊重企业自主性和独立性，激发企业积极性和主动性，务实推进以内生需求为出发点、以价值创造为落脚点的本质贯标，优化政府服务，营造两化融合发展良好环境。

坚持创新引领。促进技术创新与管理创新相统一，构建数据驱动的开放式生产组织体系，推动制造、信息通信、互联网和金融等行业企业跨界融合与创新发展，释放制造业创新发展新动能。

坚持合作共赢。加强政府部门、行业组织、科研院所、高等院校、服务机构、企业之间的合作，构建上下齐动、区域联动、行业互动的协同推进体系，建立以市场服务为纽带、以价值链共创为基础的推进机制。

坚持开放发展。顺应经济发展全球化趋势，奉行互利共赢的开放战略，加强国际交流合作，以两化融合管理体系国际标准化为突破口，推动技术、标准、服务、解决方案"走出去"，拓展互惠互利、开放共享的国际发展空间。

（三）主要目标

到2020年，两化融合管理体系标准体系初步形成，超过

5万家企业开展两化融合管理体系贯标，遴选确定200家以上贯标示范企业，培训超过100万人次，基本形成规范、有序、健全的市场化机制。15万家企业开展两化融合自评估、自诊断、自对标，两化融合发展数据地图成为政府、行业、企业分业施策的重要依据。形成一批两化融合新方法、新工具、新解决方案，两化融合管理体系成为引领企业战略转型、组织变革、技术创新、生产方式和服务模式转变的重要抓手。

二、重点任务

（一）建立健全标准化组织体系，完善两化融合管理体系标准

建立健全标准化组织体系。推动组建全国两化融合管理体系标准化技术委员会，加强与其他相关标准化技术委员会的协作，加快标准制修订和产业化应用。鼓励行业组织、重点企业、服务机构、科研院所等积极参与，适时组织成立重点领域与行业分技术委员会，共同形成产学研用协同创新的标准化组织体系。依托学会、协会、商会、联合会以及产业技术联盟等社会团体建立两化融合管理体系团体标准的推进机制。

发布两化融合管理体系标准化建设指南。明确两化融合管理体系总体架构，构建两化融合管理体系的标准体系，发布基础共性、关键技术、行业和参考模型等标准目录。滚动制定两化融合管理体系标准化发展路线图，明确不同时期的发展目标、重点、方法和路径等，指导各类主体协同开展标准制定。

滚动制修订两化融合管理体系标准。发布基础和术语、要求、实施指南、审核指南等基础共性标准，加快研制新型能力

参考模型、多体系融合指南等亟需技术标准。组织研制两化融合管理体系方法工具、以及制造业与互联网融合、"互联网+"、大数据等应用领域有关的解决方案标准。支持制定面向行业企业、研究院所、社会组织等不同对象的两化融合管理体系实施指南。建立标准应用效果评价和改进完善机制，促进标准化工作良性循环。推动支撑两化融合管理体系标准的软件工具开发和测试验证平台建设。

加快推进两化融合管理体系国际标准化。依托两化融合管理体系联合工作组建立国际标准化工作组，在国际标准化组织中推动筹建围绕两化融合的工作机构，加快推进两化融合管理体系国际标准化工作。推动建设两化融合管理体系国际应用推广平台，构建线上线下合作渠道，在学术交流、标准研制、课题研究、最佳实践和应用推广等方面加强国际交流与合作。

（二）普及推广两化融合管理体系，持续打造企业新型能力

全面推动两化融合管理体系贯标。深化国家和地方两化融合管理体系贯标试点，实现重点区域和优势产业贯标全覆盖。引导中央企业、大型企业集团推动下属企业及供应商全面开展贯标，加快形成产业链协同发展新生态。针对小微企业需求和特征，探索制定模块化、平台化、便捷化的两化融合管理体系贯标实施细则，开展小微企业贯标试点和普及推广。

分行业组织开展贯标示范。围绕重点行业开展两化融合管理体系贯标行业示范工作，系统总结推广贯标优秀经验和成果，引导同行业企业围绕战略转型，加快技术创新和管理变革，打造以数据为驱动、新型能力建设为主线的产业转型升级新模式。

优先支持国家新型工业化产业示范基地内同等条件的达标企业成为贯标示范企业。

广泛深入开展贯标培训。支持标准研制单位、高等院校、各类培训机构等，联合建设两化融合管理体系培训体系，培育一批专业师资人才，编制系列培训教材，面向各级政府、行业组织、企业、服务机构等不同主体，分层次、分类别、多渠道组织开展系列培训，提高社会各界的认识和能力。鼓励各级工业和信息化主管部门结合本地区实际，有针对性地组织开展培训工作。引导贯标企业、咨询机构、评定机构、系统解决方案提供商等分级分类加强内部培训，提高从业人员专业技能。支持开展总裁研修班、企业家大讲堂等活动，培育一批具备先进发展理念和创新管理能力的新型企业家。

持续打造企业新型能力。引导企业通过贯标达标建立系统化的运行管理新机制，围绕战略转型和差异化竞争的迫切需求动态制定新型能力规划，构建并持续打造新型能力。支持企业探索两化融合管理体系与内控、质量、环境等多体系融合的方法和路径，建立一体化管理体系。

引导企业建立数据集成与创新中心。利用云计算、物联网、大数据等新一代信息技术，不断增强企业数据自动采集、传输、存储、分析、决策和优化水平，实现企业内部核心业务系统纵向整合、企业间业务系统横向集成以及业务协作、产品全价值链和全过程数据的集成共享。以数据为新驱动要素，加快培育新技术、新产品、新模式、新业态。

探索面向新工业革命的管理新模式。以两化融合管理体系标准研制和应用推广为契机，支持一批创新型企业开展基于信息化的赋能管理新模式试点示范，构建平台化、协同化、开放式的组织体系，激发劳动者创新创业的动力、活力和潜能，探索推进制造强国、网络强国建设的新理念、新规律、新方法，支持在"走出去"、"一带一路"建设等国际经济合作中应用推广，以新模式打造中国制造新品牌。

（三）持续建设两化融合发展数据地图，推动分级分类发展

完善两化融合评估体系和模型。结合制造业与互联网融合发展的新趋势，完善两化融合评估体系，加强分行业指标体系和小微企业指标体系制定，构建系列评估评价模型，明确数据指标和分析方法，夯实两化融合发展数据地图建设基础。

持续开展企业两化融合自评估、自诊断、自对标。组织完善国家和地方两化融合评估服务平台，联合各地方、中央企业、行业持续推进企业两化融合自评估、自诊断、自对标。推动编制全国、省市县各级区域、重点行业、中央企业两化融合发展数据地图，跟踪研判两化融合发展现状、发展重点、价值成效、特征模式以及发展趋势。

建设面向两化融合的工业大数据公共服务平台。支持科研院所、高校、企业等联合建设平台，研发数据采集方法、挖掘分析工具和服务模型，增强多源异构数据集成、建模、分析服务能力，提供产品全生命周期管理、供应链协同等大数据创新应用服务。面向国家、地方、行业开展工业和信息化发展态势预测分析，探索基于工业大数据的产业转型发展新模式。

形成基于两化融合发展数据地图的分业施策新方式。拓

展两化融合发展数据地图的服务领域，发布两化融合系列发展指数，引导各地方、各行业、各企业深入应用数据地图，通过诊断发现问题，通过对标找准方向，支持政府精准施策、行业精准引导、企业精准决策、市场精准服务，促进分级分类差异化发展。

（四）健全开放协作的市场化运行体系，提升服务质量

提升第三方服务机构的综合服务能力。推动地方、中央企业、行业组织面向两化融合管理体系贯标需求，持续培育高质量服务机构。支持研制两化融合管理体系贯标服务的系列技术指导规范，推动各类咨询服务机构、技术服务商、金融服务机构等深度合作，以贯标带动服务机构从单一专业领域服务向懂技术、善管理、明体系的多领域综合服务转变。

构建线上线下协同的平台化服务体系。建设完善两化融合管理体系工作平台，提供标准研制、贯标、咨询、评定、培训等全流程在线协同管理和服务，实现贯标咨询服务机构及人员、评定服务机构及人员等规范管理，加强平台服务资源集聚和服务供需对接能力，加快经验知识传播和分享。

建立开放透明的监督管理体系。完善两化融合管理体系贯标跟踪和评定管理平台，加强贯标咨询、评定等服务全流程指导、监督和管理，不断优化两化融合管理体系评定管理办法、服务机构监督与评级管理办法等管理制度。持续开展服务信息公开和动态评级，推动服务机构信用评价体系和信用惩戒机制建设，构建完善政府引导、行业监管、机构自律、社会监督四位一体的监管体系，形成优胜劣汰的良性市场竞争机制。

提升两化融合管理体系的社会认可度。组织开展两化融合管理体系评定采信试点，加强与各部门的沟通协调，引导中央企业、龙头企业、金融机构及第三方社会评价机构，将评定结果与资金支持、供应商选择、招标投标、投融资授信、品牌推广、社会信用评价体系建设相结合，扩大评定结果的社会采信范围，积极探索国际互认机制。

推动两化融合系统解决方案研制与应用。支持制造企业与信息技术企业、互联网企业、咨询服务机构跨界融合，面向各地方、各行业、不同类型企业的个性化需求，研制两化融合系统解决方案。支持建设系统解决方案服务支撑平台，开展系统解决方案互动体验、测试验证和应用推广。

三、保障措施

（一）加强组织领导

加强两化融合管理体系工作领导小组对两化融合管理体系工作的统筹协调和督导，研究重大问题，制定政策措施。工业和信息化部全面统筹两化融合管理体系工作，分别会同国家标准化管理委员会和国务院国有资产监督管理委员会指导两化融合管理体系标准建设和中央企业两化融合管理体系推进工作。健全两化融合管理体系联合工作组，形成部委、地方政府、中央企业、行业组织、服务机构、科研院所等广泛参与的协同工作机制。各级工业和信息化主管部门、质量技术监督（市场监督管理）部门要结合本地区情况制定贯标工作方案，明确贯标总目标、时间表、路线图、政策措施及考核要求。建立健全两化融合管理体系工作的跟踪监测、统计分析、动态调整、监督考核、信息通报等机制。

（二）加大政策支持

利用现有资金渠道，加大对两化融合管理体系标准制订、企业贯标达标、示范推广、服务体系培育、解决方案研制等的支持力度，鼓励有条件的地方主管部门按照有关规定设立专项资金，探索建立多元化、多渠道社会投入机制。各地工业和信息化主管部门要将贯标工作与地方产业发展紧密结合，完善政策措施，为各项工作贯彻落实提供基本方法和有效途径。鼓励各级政府在技术改造、工业转型升级、智能制造、"互联网+"等项目中优先支持两化融合管理体系达标企业。贯彻落实《关于深化制造业与互联网融合发展的指导意见》，推动金融税收政策、用地用房政策与企业两化融合管理体系贯标达标相结合。

（三）加强人才保障

依托国家重大人才计划以及重大科研、工程、产业攻关项目，加大对两化融合领域学术研究人才和工程技术专家等领军人才的培养和支持力度。推动部属高校等高等院校在基础教育体系中设置两化融合相关专业课程，依托相关科研院所、重点企业建立人才培养实训基地，促进人才在高等院校、科研院所和企业之间有序流动，不断为两化融合管理体系培育理论与实践相结合的复合型人才。推动建立海外人才特聘专家制度，完善人才激励机制，创新使用全球高层次人才。

（四）强化宣传推广

各级工业和信息化主管部门、行业组织、中央企业、服务机构要积极组织"深度行"、"环省行"等多种形式活动，加大对两化融合管理体系标准的宣贯力度，在各类企业和组织中推动标准的实施与应用推广。充分发挥新闻媒体、互联网平台等多渠道宣传作用，支持社会各界围绕两化融合管理体系，加强宣贯交流，分享经验成果，提升全社会对两化融合管理体系的认知度。在国际交流合作中加强两化融合管理体系贯标达标成果宣传推广，提高国际认可度与影响力。

工业和信息化部

国务院国有资产监督管理委员会

国家标准化管理委员会

2017 年 6 月 26 日

关于推进重要产品信息化追溯体系建设的指导意见

商秩发〔2017〕53 号

各省、自治区、直辖市、计划单列市及新疆生产建设兵团商务、工业和信息化、公安、农业、检验检疫、质量技术监督（市场监管）、安全监管、食品药品监管部门：

推进重要产品信息化追溯体系建设，是惠民生、促消费、稳增长和推进供给侧结构性改革的重要举措，对提高供应链效率和产品质量安全保障水平、推动流通转型升级和创新发展、构建信息化监测监管体系、营造安全消费的市场环境具有重大意义。为进一步加快建设重要产品信息化追溯体系，按照《"健康中国 2030"规划纲要》、《国务院办公厅关于加快推进重要产品追溯体系建设的意见》（国办发〔2015〕95 号）及《国内贸易流通"十三五"发展规划》（商建发〔2016〕430 号）要求，现提出以下意见。

一、指导思想、基本原则与建设目标

（一）指导思想。

全面贯彻党的十八大和十八届三中、四中、五中、六中全会精神，深入贯彻习近平总书记系列重要讲话精神，围绕统筹推进"五位一体"总体布局和协调推进"四个全面"战略布局，坚持创新、协调、绿色、开放、共享的发展理念，以保障民生为核心，以落实企业主体责任为基础，以信息化追溯和互通共享为方向，加强统筹规划，健全标准体系，创新发展模式，促进社会共治，建设覆盖全国、统一开放、先进适用的重要产品追溯体系，提升产品质量安全与公共安全保障能力，更好满足人民群众生产生活和经济社会健康发展需要。

（二）基本原则。

1. 统筹规划与属地管理相结合，兼顾地方需求特色。统一基础共性标准和建设规范，实现跨部门跨区域业务协同、资源整合、设施及信息开放共享，避免重复建设。在做好已明确的重要产品追溯工作基础上，鼓励地方结合实际确定追溯体系建设的重要产品名录。

2. 政府引导与市场化运作相结合，发挥企业主体作用。在做好政府主导的试点示范工作和公益性追溯管理平台建设同时，强化企业主体责任，支持行业组织和企业自建产品追溯系统，并与政府和相关机构实现追溯信息互通共享，促进公益性和市场化两类追溯平台有机衔接、协调发展。

3. 形式多样与互联互通相结合，注重产品追溯实效。坚持创新驱动，推进追溯理论、模式、管理和技术创新，鼓励追溯体系建设运行多样化发展。坚持追溯信息互通共享，统一优化公共服务，注重生产源头追溯信息的真实性、中间环节信息链条的连续性、消费端追溯信息获取的便捷性。

4. 试点示范与复制推广相结合，建立科学推进模式。以与群众生产生活密切相关、质量安全问题较多的产品为重点，选择基础较好的地区、行业和企业开展试点示范，先易后难，以点带面，及时总结可复制推广的经验，逐步扩大覆盖范围，提高运行效果。

（三）建设目标。

到2020年，初步建成全国上下一体、协同运作的重要产品追溯管理体制、统一协调的追溯标准体系和追溯信息服务体系；相关法律法规进一步健全；追溯数据统一共享交换机制基本形成，部门、地区和行业企业追溯信息初步实现互通共享和通查通识；重要产品生产管理信息化、标准化、集约化水平显著提高；追溯大数据分析应用机制进一步健全完善，追溯应急管理能力显著提高，追溯体系对群众安全消费、企业精准营销、行业管理优化、供应链安全保障及政府监测监管的服务能力不断增强。

国家重要产品追溯管理平台及食用农产品、食品、药品、农业生产资料、特种设备、危险品、稀土产品等分类产品追溯体系基本建成运行；有条件的地方和行业探索推进妇幼用品、建材、家电和汽车零配件、地方特色产品等追溯体系建设；企业产品质量安全主体责任意识显著增强，采用信息技术建设追溯体系的企业占比大幅提高；产品质量安全保障水平和品牌国际竞争力进一步提升；社会公众对追溯产品的认知度和接受度明显增强。

二、主要任务

（一）基本任务。

1. 建立目录管理制度。从产品对人身和生产安全的重要程度、危害事件发生概率及后果影响等方面进行科学评估，依法制定重点追溯产品目录和鼓励追溯产品目录。国家重要产品目录实行动态管理；各地酌情制定兼容国家目录的地方重要产品目录。

2. 完善追溯标准体系。分析提炼追溯的核心技术要求和管理要求，明确不同层级、不同类别标准的定位和功能，建成国家、行业、地方、团体和企业标准相衔接，覆盖全面、重点突出、结构合理的重要产品追溯标准体系。研制一批追溯数据采集指标、编码规则、传输格式、接口规范等共性基础标准，实现产品追溯全过程的互联互通与通查通识。在追溯标准化研究的基础上，选择条件好、管理水平高的地区、行业、企业探索开展重要产品追溯标准化试点示范工作，推动标准制定和实施。针对重点产品和环节，根据产品形态、包装形式、生产经营模式、供应链协同、相关业务流程等特点，明确各品种追溯体系建设的技术要求，设计简便适用、易于操作的追溯规程和查询方式。探索推进重要产品追溯标准与国际接轨，携手打造中国与"一带一路"沿线国家重要产品追溯通用规则，逐步建立国际间重要产品追溯体系，增强中国标准的国际规则话语权。

3. 健全认证认可制度。将重要产品追溯管理纳入现有强制性产品认证、有机产品认证、质量管理体系、食品安全管理体系、药品生产质量管理规范、药品经营质量管理规范、良好农业操作规范、良好生产规范、危害分析与关键控制点等制度。围绕健全追溯管理机制，建立追溯管理体系认证认可制度。完善认证规范、认证规则、认证工作后续监管及惩戒机制，建立与认证认可相适应的标识标记制度，方便消费者识别。

4. 推进追溯体系互联互通。按照统一规划、科学管理原则，采用大数据、云计算、对象标识与标识解析等信息技术，逐步建设中央、省、市级重要产品追溯管理平台。建立追溯信息共享交换机制，实现中央平台与有关部门、地区、第三方平台之间的对接。推进各类追溯平台与检验检测信息系统、信用管理系统、综合执法系统、企业内部质量管理体系等对接。建设国家重要产品追溯综合门户网站，宣传政策法规和追溯知识，统一提供追溯信息查询服务。

加强追溯大数据开发利用。结合企业发展与行业监管需求，开发智能化的产品质量安全监测、责任主体定位、流向范围及影响评估、应急处置等功能，为企业管理、政务决策、风险预警与应急处置提供有力支持，严防区域性、系统性风险。构建供应链上下游企业追溯信息投入与收益的合理分配机制。在依法加强安全保障和商业秘密保护的前提下，实现追溯数据资源向社会有序开放。

5. 促进线上线下融合。引导企业将追溯体系建设与信息化改造升级相结合，鼓励企业以建设追溯体系为契机，提高信息化、智能化管理水平。推进"互联网+追溯"创新发展，鼓励电子商务企业利用自身平台建设信息化追溯系统，实现销售与追溯双重功能，创建可追溯电商品牌，提高企业经济效益；支持生产加工、仓储物流、批发零售等企业将追溯体系建设与电子商务、智慧物流等信息化建设相结合，增强信息交互、在线交易、精准营销等功能；推动追溯体系与批发零售企业电子结算系统、冷链物流配送等体系融合发展。

6. 强化追溯信用监管。建立可信数据支撑体系，确保追溯信息的真实性和有效性。以企业为主体，政府部门、行业组织、专业机构和消费者等多方参与，将供应链中的生产经营企业、检测认证机构、监管机构、消费者等主体纳入可信数据支撑体系，通过相关技术手段整合产品供应链各环节追溯信息，形成不可篡改的可信追溯信息链条。建立完善产品质量安全档案和失信"黑名单"制度。建立消费者和用户监督机制，畅通举报投诉渠道，形成有效监督的社会氛围。建立追溯信息系统成熟度评价体系，从追溯数据链、检验检测、消费者监督等方面，对企业及产品开展综合评价。

（二）分类任务。

1. 食用农产品追溯体系。全面推进现代信息技术在农产品质量安全领域的应用，加强顶层设计和统筹协调，尽快搭建国家农产品质量安全追溯管理信息平台，建立生产经营主体管理制度，将辖区内农产品生产经营主体逐步纳入国家平台管理，以责任主体和流向管理为核心，落实生产经营主体追溯责任，推动上下游主体实施扫码交易，如实采集生产流通追溯信息，确保农产品全链条可追溯。出台国家农产品质量安全追溯管理办法，制定追溯管理技术标准，明确追溯要求，统一追溯标识，规范追溯流程，健全管理规则。选择重点地区和重点品种，开展追溯管理试点应用，发挥示范带动作用，探索追溯推进模式。发挥国家平台功能作用，强化线上监管和线下监管，快速追查责任主体、产品流向、监管检测等追溯信息，挖掘大数据资源价值，推进农产品质量安全监管精准化和智能化。

完善肉类蔬菜追溯体系。中央财政资金支持开展肉类蔬菜追溯体系建设的地区，加快探索政府和社会资本合作模式，调动社会力量参与追溯体系建设运行；完善考核评估体系，建立健全长效机制；逐步扩大追溯体系覆盖范围，增加品种和节点数量；升级改造追溯管理平台，向生产和消费两端延伸追溯链条，开发智能监管功能，提高数据处理和综合分析能力。

加强监管部门协调配合，健全完善追溯管理与市场准入的衔接机制，以扫码入市或索取追溯凭证为市场准入条件，构建从产地到市场到餐桌的全程可追溯体系。

2. 食品追溯体系。重点围绕婴幼儿配方食品、肉制品、乳制品、食用植物油、白酒等加工食品，推动生产加工企业建立追溯体系和管理制度。逐步扩大食品种类范围，提高覆盖率和社会影响力。

充分利用已有信息化基础设施，实现食品追溯、食品安全监管、食品生产流通行业管理相关信息的互通共享，提高政府部门食品质量安全监管的信息化和协同水平。加快推进国家食品安全监管信息化工程建设，加强重点食品质量安全追溯物联网应用示范工程推广应用。

3. 药品追溯体系。巩固提升中药材流通追溯体系。升级改造中药材流通追溯管理中央平台，促进不同药品追溯系统信息互通共享。逐步增加中药材追溯品种；逐步扩大覆盖范围，涵盖全国主要中药材批发市场所在地区；提高中药材种植养殖、经营、饮片和中成药生产经营主体、医疗机构及药店等节点的覆盖率。

推动药品生产流通企业落实主体责任，依据法律法规和国家标准，使用信息化技术采集留存原料来源、生产过程、购销记录等信息，保证药品的可追溯。扩大药品追溯监管覆盖范围，逐步实现全部药品从生产、流通到使用全程快速追溯。建立药品追溯管理机制。

4. 主要农业生产资料追溯体系。在饲料上，推动饲料企业建立执行生产过程管理制度，实现从原料入厂到成品出厂的全程可控可追溯；在条件成熟的地区，推进饲料产品电子追溯码标识制度。在种子上，实行种子标签二维码标识制度，推动种子生产经营者建立包括种子来源、产地、数量、质量、销售去向、销售日期等内容的电子生产经营档案；引导种子批发和零售商建立种子来源、数量和销售去向的电子台账；建立全国统一的可追溯管理平台，整合行政审批、经营备案、市场监管等各方信息，实现全程、全面可追溯。在兽药上，进一步加强国家兽药基础数据信息平台建设，完善兽药生产企业、兽药产品批准文号等兽药基础信息数据库；深入开展兽药"二维码"追溯系统建设，全面实施兽药产品电子追溯码标识制度，逐步实现兽药生产、经营、使用全过程追溯。在农药、肥料上，建立追溯监管体系，推动生产经营企业建立原料控制、生产管理、流通企业扩大质量追溯体系建设范围，不断提高物联网技术的应用能力，实行电子追溯码标识制度。

拓展全国农业生产资料信息追溯监管服务平台功能，推进试点企业与全国农业生产资料信息追溯监管服务平台对接，加快农资质量追溯关键技术装备研发和示范。

5. 特种设备追溯体系。以电梯、气瓶、移动式压力容器等特种设备为重点，建立全国特种设备追溯公共服务平台。推动企业建立特种设备信息化追溯系统，与全国特种设备追溯公共服务平台对接。逐步实现电梯的生产、使用、维护保养、检验、检测，以及车用气瓶和移动式压力容器的生产、使用、检验、检测、充装、报废等关键信息的记录、统计、分析、公示等功能，为社会提供追溯信息查询服务。

完善特种设备生产标识方法，健全生产单位、使用单位、检验检测机构数据报告制度和特种设备安全技术档案管理制度，建立企业生产流通全过程信息记录制度，为特种设备质量安全信息全生命周期可追溯提供制度保障。

6. 危险品追溯体系。建设全国危险品追溯监管综合信息平台。利用物联网、云计算、大数据等现代信息技术手段，以民用爆炸物品、剧毒化学品、易制爆危险化学品、烟花爆竹、放射性物品等为重点，形成国家、省、市、县、园区危险品信息追溯管控体系，探索实施高危化学品电子追踪标识制度，实现危险品全生命周期过程跟踪，信息监控与追溯。逐步增加危险品种类，扩大覆盖范围。

7. 稀土产品追溯体系。以稀土矿产品、稀土冶炼分离产品为重点，以生产经营台账、产品包装标识等为主要内容，加快推进稀土产品追溯体系建设，实现全程可追溯。开展稀土企业追溯试点，建立稀土专用发票、稀土产品出口报关、企业经营档案等各项信息共享机制。推动稀土企业建设信息化追溯系统，采用信息化手段对生产、库存、销售等信息进行管理，实现信息完整归集和可追溯。

8. 产品进出口追溯体系。以自由贸易试验区和跨境电子商务企业为重点，探索推进食品等重要产品和跨境电子商务零售等领域的进出口追溯体系建设。整合产品进出口国别（地区）、产地、生产商、品牌、批次、进出口商或代理商、收货人、进出口记录及销售记录等信息，与海关报关信息、检验检疫信息和产品标签标识相衔接，实现重点产品从生产到进出口销售全过程信息可追溯。落实进口食品的境外生产商、出口商、境内收货人注册备案和进口销售记录制度，建立进口食品信息追溯平台和全国统一的重要进出口产品平台，实现进出口产品流向和质量控制措施的可追溯，提升进出口企业和社会公众对质量追溯的认知度和接受度，实现进出口产品质量安全社会共治。

三、保障措施

（一）加强组织领导。

建立完善追溯体系建设协调推进工作机制。商务部会同有关部门建立部际联席会议制度，强化宏观指导，落实部门分工，加强法律法规、政策措施、标准规范等方面的协调配合，督促各项工作落实。各地完善领导机制，将重要产品追溯体系建设纳入工作考核指标。推动建立追溯行业组织。

（二）完善法规制度。

加快推进《农产品质量安全法》、《食品安全法实施条例》等相关法律法规和规章的制（修）订工作，完善重要产品追溯管理制度，细化明确生产经营者责任和义务。按照《产品质量法》、《食品安全法》、《社会信用体系建设规划纲要（2014—2020 年）》等要求，将追溯体系建设与构建社会诚信机制、强化企业主体责任、问题产品召回紧密结合，最大限度发挥追溯体系的倒逼作用和服务功能。加快推动地方立法，实行依法建设，依法管理。

（三）营造发展环境。

鼓励大型连锁企业、医院、学校等团体消费单位优先选购可追溯产品。培育创新创业新领域，营造追溯体系建设的众创空间。加强追溯技术成果转化与知识产权保护，加快推动技术研发、系统集成、业务咨询、工程监理、大数据分析等追溯服务产业发展，为追溯体系建设运行、扩大应用提供专业服务。

加大对贫困地区政策倾斜力度，推动形成"互联网+产品追溯+精准扶贫"的政策组合与市场化运作模式。

（四）创新支持方式。

加大政策支持力度，重点支持公益性重要产品追溯平台建设，以及完善标准、培育人才等追溯体系建设基础性工作。鼓励社会资本投入，采用市场化方式吸引企业加盟，为中小微企业提供信息化追溯服务。鼓励金融机构为开展追溯体系建设的企业提供信贷支持和产品责任保险。围绕重要产品追溯体系建设的重点、难点和薄弱环节，开展示范创建活动。支持有条件的地区创新追溯模式。及时总结经验，适时向其他地区复制推广。

（五）加强理论研究和人才培养。

加强追溯理论和应用技术的研究与交流。鼓励科研机构建立质量安全追溯技术及应用工程实验室，鼓励大学设立追溯专业院系及课程。建立完善追溯专业人才培育机制。鼓励成立重要产品追溯体系建设咨询机构和专家委员会，对追溯体系建设运行开展前期咨询论证和后期跟踪评估，促进重要产品追溯体系创新发展；建立发展重要产品追溯体系培训机构，培养多层次的追溯人才。

（六）强化宣传教育。

加强社会舆论宣传，通过广播、电视、报刊等传统媒体和网络、手机移动终端等数字化新媒体广泛开展追溯宣传和大众科普，突出强调生产经营企业建设产品追溯体系的主体责任、行业组织推进追溯体系建设、加强行业自律的典型经验、消费者参与追溯体系建设的重要意义等；推动行业组织开展法律法规和标准宣贯，传播追溯理念，培育追溯文化，形成熟悉追溯、支持追溯、积极参与追溯的社会氛围；制定合理有效的激励措施，充分调动消费者和用户的参与热情，构建全面推进重要产品追溯体系建设的市场倒逼机制。

商务部

工业和信息化部

公安部

农业部

质检总局

国家安全监管总局

食品药品监管总局

2017 年 2 月 16 日

民政部关于统筹推进民政信息化建设的指导意见

民发〔2017〕161号

各省、自治区、直辖市民政厅（局），各计划单列市民政局，新疆生产建设兵团民政局；各司（局）、全国老龄办、各直属单位：

"十三五"时期是全面建成小康社会的决胜阶段，是信息化引领全面创新、构筑国家竞争新优势的重要战略机遇期。为深入贯彻党中央、国务院关于民生民政和信息化工作决策部署，全面贯彻《"十三五"国家信息化规划》和《民政事业发展第十三个五年规划》，顺应网络安全和信息化发展趋势，改革和创新民政信息化发展理念、方式和途径，切实指导和规范各级民政部门完善信息化管理体制和运行机制，有效解决建设分散化、应用条块化、信息割裂化、服务碎片化等问题，发挥信息化对民政事业的支撑作用和倍增效应，制定本指导意见。

一、总体要求

（一）指导思想。

全面贯彻党的十八大和十八届三中、四中、五中、六中全会精神，深入贯彻习近平总书记系列重要讲话精神和治国理政新理念新思想新战略，紧紧围绕统筹推进"五位一体"总体布局和"四个全面"战略布局，牢固树立"民政为民、民政爱民"工作理念，适应信息化"大平台、大系统、大数据"发展趋势，按照"集约化建设、多元化应用、协同化治理、精准化决策"的总体思路，着力加强民政信息化建设统筹管理，着力推进信息技术与民政工作深度融合，着力发展"互联网+"服务，着力增强大数据分析决策能力，着力提升政务服务供给精细化、精准化水平，着力为民政部门和社会公众提供用得上、用得起、用得好的信息服务，用信息化培育民政事业创新发展新动能。

（二）基本原则。

——统筹规划。从民政事业发展全局出发，加强信息化工作的统一领导、统筹规划和集约建设，牢固树立全国"一盘棋"观念，避免重复建设和资源浪费，整体上提升民政信息化工作科学化、体系化、标准化水平。

——问题导向。聚焦民政信息化建设各自为政、条块分割、自成体系、信息孤岛、数据壁垒以及信息资源"小、散、乱"等问题，推动政务信息系统整合共享，优化发展环境、补齐发展缺板、提升服务能力。

——创新驱动。打破传统信息化建设惯性思维和路径依赖，积极探索民政信息化创新发展新理念、新形态、新模式和新机制，以制度创新和技术创新加速推进互联网创新成果与民政事业深度融合。

——协同共享。理顺体制机制，明确责任分工，强化条块衔接、纵横联动和政民互动，打通数据信息链和业务服务链，加强信息共享和业务协同，充分发挥信息化整体效能。

——安全可控。强化关键信息基础设施和重要信息系统安全保障，坚持底线思维，加强数据安全和个人信息保护，严格落实等级保护和分级保护制度。增强网络安全动态防御和态势感知能力，提高网络安全应急处置水平。

（三）发展目标。

贯彻落实国家网络安全和信息化发展战略部署，全面提升民政信息化整体水平，建设标准统一、互联互通、安全可控的信息化基础支撑大平台，构建深度融合、上下联动、纵横协同的政务业务大系统，形成物理分散、逻辑集中、资源共享的信息资源大数据，基本形成民政信息化"集约整合、纵横互联、信息共享、业务协同"的发展格局。到 2020 年，通过整合一批、清理一批、规范一批，基本完成部本级政务信息系统清理整合，形成民政政务信息资源目录体系。部本级主要业务信息化覆盖率达到 100%，省级民政部门主要业务信息化覆盖率达到 80%以上，民政基本公共服务事项网上办理率达到 80%以上，总体满足民政事业发展需要和社会公众服务期望。

——夯实信息化建设新基础。构建统一的民政信息基础设施，提供统一的云服务。构建部省两级绿色大数据中心，形成整体合力，为各类应用提供稳定、高效、可靠、可扩展的支撑服务。

——打造政务服务新体系。构建民政一体化"互联网+政务服务"平台，规范网上服务事项，优化网上服务流程，线上线下紧密融合，政务服务标准化、规范化、便捷化水平显著提升。

——开启数据应用新篇章。建立以"多元化采集、主题化汇聚、知识化分析、个性化服务、开放化利用"为特征的民政大数据资源体系，做到底数清、数据准、情况明，大数据决策支持能力显著提升。

——推进协同互动新格局。打破部门界限和信息壁垒，推进信息系统建设由分散、沉寂、孤立向集中、动态、关联转变，打通业务链，形成服务网，跨地区、跨部门、跨层级业务协同能力显著提升。

——探索社会参与新机制。借助市场和社会力量，促进民政服务供给模式创新，探索政府主导、企业运作、社会参与的新型信息化建设机制，逐步实现由政府投资建设为主向政府与社会投资双轮驱动的机制转变。

二、构建民政业务纵横联动"一盘棋"

（四）推进民政业务应用全国一体化。坚持部省两级部署，深入推进民政业务应用一体化建设，通过系统整合、网络互联和信息共享，实现各项民政业务的协同联动。坚持省以上建设集约化、部署集中化、应用平台化，结合"金民工程"、国家社会组织法人基础信息库等重点信息化建设项目，全面集成社会救助、社会福利和慈善、防灾减灾救灾、专项社会事务管理、村委会（居委会）登记管理、社会组织管理等民政业务，形成互联互通、信息共享、业务协同的"大系统"，并接入国家电子政务内外网数据共享交换平台，实现由分散建设向共建共享的模式转变。加快推动业务应用系统全国一体化建设进程，统一业务规则，优化业务流程，细化业务逻辑，规范业务操作，注重用户体验，先行试点示范，在具备条件的地区和业务领域探索实现全国集中统一应用。

（五）推进民政政务服务全国一体化。全面规范和公开网上服务事项和流程，依托民政部门户网站，建设民政统一政务服务平台，全面公开政务服务资源与数据，实现集中发布、便捷查询和一站式服务，政务服务形态逐步由"一个综合平台、

N个业务系统"向"一个综合平台、N个应用服务"转变。积极推进省级民政综合业务服务平台建设，增加网上服务内容，拓展服务渠道，重点推进城乡社区为民服务窗口建设，扩展各类移动应用，积极探索与在线支付、递送服务等社会化网络平台的合作，提升移动政务服务的覆盖面和影响力。以公民身份证、社会组织法人和村委会（居委会）统一社会信用代码为标识，建立网上统一身份认证体系，推进各类服务事项"一号申请、一窗受理、一网通办"的"互联网+政务服务"新模式，让群众办事更方便、更快捷、更满意。

（六）推进民政信息化标准规范统一。充分利用和借鉴国家标准、行业标准和地方标准，围绕信息基础设施、信息资源、应用服务、信息安全等构建框架合理、层次清晰、权威科学、规范完整的民政信息化标准规范体系，充分发挥标准化在信息化工作中的基础性作用。优先制定数据资源、信息共享开放、系统整合共享、服务事项分类编码、业务操作规范、电子证照等标准规范，做好与国家基础数据库和重大信息化工程之间的标准衔接，推进办事材料目录化、标准化、电子化，做到"同一事项、同一标准、同一编码"。建立标准体系执行状况检查机制，加大标准执行力度。

三、编织政务服务为民爱民"一张网"

（七）建设完善民政统一信息基础设施。统筹建设标准统一、资源集约、利用高效、安全可控的民政统一信息基础设施，提供云平台服务，形成有利于基础设施互联互通的制度环境，推动已建、在建和拟建的民政业务应用逐步向民政政务云平台迁移。推动国家电子政务外网、互联网、民政卫星视频网等资源的互联互通，保障民政业务跨地区办理、跨层级联动和跨部门协同。加快部机关政务内外网建设，实现与国家政务内外网平台安全接入，将现有业务应用按涉密和非涉密分类，分别向国家电子政务内网和外网迁移。加强网络安全态势感知、监测预警和应急处置能力建设，建立健全网络安全责任制和信息通报机制，完善网络安全检查、风险评估等制度，制定网络安全事件监测预警与应急预案，定期开展演练。

（八）全面构建民政"互联网+"信息惠民服务网。摸清部省两级信息系统情况，制定政务信息系统整合共享清单，重点整合以司局和处室名义存在的独立政务信息系统，加快推进政务信息系统统筹整合，形成民政一体化"互联网+政务服务"平台和服务网络。围绕社会组织、救助、养老、慈善、婚姻、殡葬，以及突发事件、未成年人保护、网上寻亲等便民惠民服务和基层社会治理事务，推进城乡社区公共服务综合信息平台建设。强化与本地政务服务平台对接，促进各项服务事项向基层延伸和服务渠道下沉，实现各类服务事项就近能办、同城通办、异地可办，让群众办事更加方便快捷。充分利用网络平台、自助终端、12349服务热线和第三方软件，提高政民互动和在线办事服务能力。加强民政网络宣传能力，加快构建大屏小屏交互联动、一网一端二微融合发展的网络传播新格局，宣传民政工作，讲好民政故事，引导舆论导向。提升民政部门户网站新闻舆论传播力、引导力、影响力、公信力，成为政务信息权威发布门户、新闻宣传旗舰媒体、政民互动主要桥梁、公共服务统一平台。

（九）引导促进民政信息化建设社会化发展。鼓励地方民政部门运用政府购买服务和财政补贴方式，加强各业务领域民政服务机构信息化能力建设，并与民政信息化工程充分衔接，通过数据实时汇集，提高管理能力和服务水平。打破理念束缚、发挥市场主体作用，鼓励采用委托代建、以租代建、服务外包等新模式，促进信息化建设主体和服务方式的多元化。完善社会工作、志愿服务、社会组织等社会化服务体系，引导和规范社会力量惠民服务进农村、进社区、进机构、进家庭，丰富产品供给，促进信息消费，补齐政府供给不足和基层民政人少事多的短板。扩大数字地球、空天遥感、通信广播和位置服务等技术应用，探索民生服务和社会治理领域新应用、新模式。加强民政信用体系建设和信用信息应用，实现公益慈善项目的全过程规范管理和结果客观评估。

四、培育民生民政数据治理新能力

（十）构建民政大数据资源体系。加强民政大数据资源体系统一规划，全面梳理各级各类数据资源，形成"全国统一、动态更新、共享校核、权威发布"的民政政务信息资源目录。强化对各级民政部门履行职责过程中形成的文件、资料、图表、电子证照等数据信息资源的收集、存储和更新管理，加强数据校验力度，提高数据质量，逐步形成覆盖自然人、家庭、村委会（居委会）、社会组织法人、民政服务机构的全要素、全口径、全生命周期管理数据库，做到统一编码、一数一源、多元校核、动态更新。通过自主采集、部门共享、市场采购等方式，加强基础数据源头采集能力，推进信息"一门采集、一档管理"，避免重复填报。推动身份证读卡器、高拍仪等信息采集设备装备的应用推广，在有条件的地方试点"一表式"登记采集，确保基础数据的一致性、准确性和时效性。

（十一）深化数据资源共享开放。建立全国一体化的民政大数据中心，实现民政业务数据、统计分析数据、共享交换数据、基础规范数据、系统管理数据等集中存储、统一管理和共享服务，有效支撑跨部门、跨区域、跨层级业务办理。做好民政统一数据共享交换平台与政府统一数据共享交换平台对接，大力推进与公安、税务、扶贫、人社、住建、残联等部门（组织）和金融机构间数据共享，建立数据交换、共享开放、质量控制和监督评估机制。编制民政公共信息资源开放目录，建立健全公共信息资源开放保密审查机制，实现民政数据对社会有序开放，支持各类市场主体对数据资源的创新利用。

（十二）提升民政大数据应用能力。加强数据资源开发利用，大力推进技术融合、业务融合、数据融合。充分发挥民政数据资源关联性强、耦合度高、覆盖面广、活动性大的特点，洞察百姓诉求、社情民意和民生状况，分析把握预判公众办事需求，动态监测评估预警相关风险，开展与民生紧密相关的甄别审批、主动发现、综合分析和资源配置等公共服务，实现"用数据说话、用数据管理、用数据决策、用数据创新"。鼓励各地民政部门结合自身需要，积极探索、先行先试，推进民政数据和社会数据深度融合和关联利用，推动民政信息化从数字化向精细化、精准化发展，促进相关社会治理从粗放向精细转变，从被动响应向主动预见转变，从经验判断向大数据科学决策转变。

五、优化信息化发展环境

（十三）加强信息化建设统一领导。在部党组的领导下，加强部网络安全和信息化领导小组对信息化工作的统一领导，统筹协调重大问题，实现人员、经费、资源统筹和归口管理。各级民政部门建立健全项目统筹、业务衔接、资源共享、运行保障的一体化工作机制，明确目标、责任和实施机构，避免职责交叉，确保信息化工作落到实处。信息化单位做好统筹设计和实施，建好系统，做好服务。业务单位主动参与，提好需求、用好数据、抓好应用。

（十四）加强人才队伍和智库建设。建立健全多层次、多类型的信息化人才培养体系，大力开展与高等院校和专业培训机构的合作，培养高端信息化技术管理人才。加强各级民政部门信息中心机构建设，促进各级民政部门信息化人员交流互动，培养既了解民政业务又熟悉信息化技术的复合型人才。加大人才引进力度，建立一支政治过硬、业务精湛、作风优良的信息化人才队伍。推进新型信息化智库建设，完善重大政策、重大项目专家咨询制度。

（十五）加强资金保障和政策支持。拓宽民政信息化建设资金渠道，积极争取国家各类资金投入。加强资金使用管理和监督，提高资金使用效益和信息化建设效能。鼓励推进并完善政府购买服务制度，发挥市场资金作用，建立与新技术、新模式相适应的建设投资和运行管理模式。创新多元化项目投资机制，积极探索 PPP 模式，充分利用社会资源，激发信息化领域相关市场主体活力和创造力。

（十六）加强信息化建设绩效评估。建立以是否满足业务需求和有效提升履职效能为核心，以信息资源承载力、信息系统联通力、信息服务覆盖率和数据信息准确率等指标要素为重点的信息化建设绩效评估制度，积极探索开展第三方评估、社会评估机制，切实发挥绩效评估的导向作用。建立健全信息化建设成效评价与行政问责、部门职能、建设经费、运维经费约束联动的管理机制，督促检查工作落实情况。完善信息化建设单位自觉接受财政、审计、纪检监察等部门监督的工作机制，确保符合廉政建设要求。

民政部

2017 年 10 月 1 日

农村信息化综合信息服务试点
管理办法（试行）

信息产业部关于印发

《农村信息化综合信息服务试点管理办法（试行）》的通知

信部信〔2006〕598号

各省、自治区、直辖市信息产业主管部门，新疆生产建设兵团信息办：

为贯彻落实信息产业部《关于推进社会主义新农村建设工作的意见》（信部信〔2006〕229号）精神，我部将开展农村信息化综合信息服务试点工作。

为规范试点的申请、认定、验收及相关管理工作，我部研究制定了《农村信息化综合信息服务试点管理办法（试行）》，现印发你们，请遵照执行。

联系人：任利华 孙燕

电话：010-68208291 68208233

传真：010-68208288

二〇〇六年九月十四日

第一章 总 则

第一条 为规范农村信息化综合信息服务试点工作，加快农村信息化建设步伐，根据信息产业部《关于推进社会主义新农村建设工作的意见》（信部信〔2006〕229号）和《关于开展农村信息化综合信息服务试点工作的意见》（信部信〔2006〕597号），制定本办法。

第二条 农村信息化综合信息服务是指开发、整合和利用涉农信息资源，向农民提供市场、科技和教育等信息；开发和应用贴近农民需求的信息系统和信息终端，利用公共网络和各种专网，通过恰当的接入方式，使信息进村入户；形成市场化运作机制，以农民普遍能够接受的价格和方式提供信息服务。

第三条 各省、自治区、直辖市（以下简称省、区、市）信息产业主管部门根据本地区的基础条件和特点，选择有代表性的地区（市（地）、县、乡（镇）、行政村）和单位开展试点工作。

第四条 试点工作应遵循需求导向、突出特色、资源共享、注重实效的原则，坚持政府引导、企业参与和市场化运作相结合。

第二章 管理机构及职责

第五条 信息产业部负责试点的认定、验收及相关管理工作。部信息化推进司负责具体工作。

第六条 部信息化推进司成立专家组。专家组参加试点的认定、验收、经验总结和推广等工作并提供咨询。

第七条　省、区、市信息产业主管部门负责制定本地区的试点方案，提出试点申请，并抓好组织实施和监督管理。

第三章　认定条件与程序

第八条　试点的认定条件：

（一）有推进农村信息化的有效工作机制。

（二）有较好的信息化基础环境。有较完善的农村通信基础设施、涉农网站等，有推进农村信息化相关政策、专项规划，已形成政府和企业共同支撑农村信息化的投入机制。

（三）有切实可行的试点工作方案。以服务"三农"为目标，组织措施得当，体现地方特色，具有创新意识。

（四）有实现试点目标的保障措施。试点工作得到试点地区党委、政府或试点单位的重视和支持，实施、管理试点工作的组织机构健全，有配套的专项资金投入。

第九条　试点的认定程序：

（一）由各省、区、市信息产业主管部门根据认定条件向信息产业部提出试点申报。

（二）专家组对提出的申请进行评审和必要的实地考察。

（三）对符合认定条件的，经部批准为试点。

（四）试点的申报材料包括省、区、市信息产业主管部门的申请报告和试点方案，并填写《农村信息化综合信息服务试点申报表》（另发，并可在 www. mii. gov. cn 网站下载）。申报材料要求提供原件 5 份、复印件 5 份及电子文本。

第四章　管理与推广

第十条　省、区、市信息产业主管部门对试点工作中出现的问题及时报部信息化推进司，每年进行一次总结报部。

第十一条　信息产业部总结推广试点的典型经验和成功模式，并适时对试点工作中表现突出的先进单位和个人给予表彰。部信息化推进司及时汇总并研究各地的经验、存在问题和措施建议，加强指导、协调和服务，为试点工作创造良好的环境。

第十二条　信息产业部对试点进行督促检查和指导，对工作不力、不能按计划开展工作的给予批评，直至取消试点资格。

第十三条　省、区、市信息产业主管部门在试点方案实施完成后要向信息产业部提交验收申请。信息产业部组织专家进行评审验收，对成效显著、具有推广价值的试点，经部批准为示范，在全国范围内推广（具体办法另行制定）。

第五章　附　则

第十四条　本办法由信息产业部负责解释。

第十五条　本办法自下发之日起试行。

全国普法学习读本
★ ★ ★ ★ ★ ★

信息管理法律法规学习读本
政务信息综合法律法规

叶浦芳　主编

加大全民普法力度，建设社会主义法治文化，树立宪法法律至上、法律面前人人平等的法治理念。

—— 中国共产党第十九次全国代表大会《决胜全面建成小康社会　夺取新时代中国特色社会主义伟大胜利》

汕头大学出版社

图书在版编目（CIP）数据

政务信息综合法律法规／叶浦芳主编. -- 汕头：汕头大学出版社（2021.7重印）

（信息管理法律法规学习读本）

ISBN 978-7-5658-3571-1

Ⅰ.①政… Ⅱ.①叶… Ⅲ.①国家行政机关-信息管理-法律-中国-学习参考资料 Ⅳ.①D922.104

中国版本图书馆 CIP 数据核字（2018）第 078979 号

政务信息综合法律法规　ZHENGWU XINXI ZONGHE FALÜ FAGUI

主　　编：叶浦芳

责任编辑：邹　峰

责任技编：黄东生

封面设计：大华文苑

出版发行：汕头大学出版社

　　　　　广东省汕头市大学路 243 号汕头大学校园内　邮政编码：515063

电　　话：0754-82904613

印　　刷：三河市南阳印刷有限公司

开　　本：690mm×960mm 1/16

印　　张：18

字　　数：226 千字

版　　次：2018 年 5 月第 1 版

印　　次：2021 年 7 月第 2 次印刷

定　　价：59.60 元（全 2 册）

ISBN 978-7-5658-3571-1

前　言

习近平总书记指出："推进全民守法，必须着力增强全民法治观念。要坚持把全民普法和守法作为依法治国的长期基础性工作，采取有力措施加强法制宣传教育。要坚持法治教育从娃娃抓起，把法治教育纳入国民教育体系和精神文明创建内容，由易到难、循序渐进不断增强青少年的规则意识。要健全公民和组织守法信用记录，完善守法诚信褒奖机制和违法失信行为惩戒机制，形成守法光荣、违法可耻的社会氛围，使遵法守法成为全体人民共同追求和自觉行动。"

中共中央、国务院曾经转发了中央宣传部、司法部关于在公民中开展法治宣传教育的规划，并发出通知，要求各地区各部门结合实际认真贯彻执行。通知指出，全民普法和守法是依法治国的长期基础性工作。深入开展法治宣传教育，是全面建成小康社会和新农村的重要保障。

普法规划指出：各地区各部门要根据实际需要，从不同群体的特点出发，因地制宜开展有特色的法治宣传教育坚持集中法治宣传教育与经常性法治宣传教育相结合，深化法律进机关、进乡村、进社区、进学校、进企业、进单位的"法律六进"主题活动，完善工作标准，建立长效机制。

特别是农业、农村和农民问题，始终是关系党和人民事业发展的全局性和根本性问题。党中央、国务院发布的《关于推进社会主义新农村建设的若干意见》中明确提出要"加强农村法制建设，深入开展农村普法教育，增强农民的法制观念，提高农民依法行使权利和履行义务的自觉性。"多年普法实践证明，普及法律知识，提高法制观念，增强全社会依法办事意识具有重要作用。特别是在广大农村进行普法教育，是提高全民法律素质的需要。

多年来，我国在农村实行的改革开放取得了极大成功，农村发生了翻天覆地的变化，广大农民生活水平大大得到了提高。但是，由于历史和社会等原因，现阶段我国一些地区农民文化素质还不高，不学法、不懂法、不守法现象虽然较原来有所改变，但仍有相当一部分群众的法制观念仍很淡化，不懂、不愿借助法律来保护自身权益，这就极易受到不法的侵害，或极易进行违法犯罪活动，严重阻碍了全面建成小康社会和新农村步伐。

为此，根据党和政府的指示精神以及普法规划，特别是根据广大农村农民的现状，在有关部门和专家的指导下，特别编辑了这套《全国普法学习读本》。主要包括了广大人民群众应知应懂、实际实用的法律法规。为了辅导学习，附录还收入了相应法律法规的条例准则、实施细则、解读解答、案例分析等；同时为了突出法律法规的实际实用特点，兼顾地方性和特殊性，附录还收入了部分某些地方性法律法规以及非法律法规的政策文件、管理制度、应用表格等内容，拓展了本书的知识范围，使法律法规更"接地气"，便于读者学习掌握和实际应用。

在众多法律法规中，我们通过甄别，淘汰了废止的，精选了最新的、权威的和全面的。但有部分法律法规有些条款不适应当下情况了，却没有颁布新的，我们又不能擅自改动，只得保留原有条款，但附录却有相应的补充修改意见或通知等。众多法律法规根据不同内容和受众特点，经过归类组合，优化配套。整套普法读本非常全面系统，具有很强的学习性、实用性和指导性，非常适合用于广大农村和城乡普法学习教育与实践指导。总之，是全国全民普法的良好读本。

目　　录

中华人民共和国政府信息公开条例

政务信息工作暂行办法

政务信息资源共享管理暂行办法

中华人民共和国政府信息公开条例

中华人民共和国国务院令

第 492 号

《中华人民共和国政府信息公开条例》已经 2007 年 1 月 17 日国务院第 165 次常务会议通过，现予公布，自 2008 年 5 月 1 日起施行。

总理　温家宝

二○○七年四月五日

第一章　总　则

第一条　为了保障公民、法人和其他组织依法获取政府信息，提高政府工作的透明度，促进依法行政，充分发挥政府信息对人民群众生产、生活和经济社会活动的服务作用，制定本条例。

第二条　本条例所称政府信息，是指行政机关在履行职责过程中制作或者获取的，以一定形式记录、保存的信息。

第三条　各级人民政府应当加强对政府信息公开工作的组织领导。

国务院办公厅是全国政府信息公开工作的主管部门，负责推进、指导、协调、监督全国的政府信息公开工作。

县级以上地方人民政府办公厅（室）或者县级以上地方人民政府确定的其他政府信息公开工作主管部门负责推进、指导、协调、监督本行政区域的政府信息公开工作。

第四条　各级人民政府及县级以上人民政府部门应当建立健全本行政机关的政府信息公开工作制度，并指定机构（以下统称政府信息公开工作机构）负责本行政机关政府信息公开的日常工作。

政府信息公开工作机构的具体职责是：

（一）具体承办本行政机关的政府信息公开事宜；

（二）维护和更新本行政机关公开的政府信息；

（三）组织编制本行政机关的政府信息公开指南、政府信息公开目录和政府信息公开工作年度报告；

（四）对拟公开的政府信息进行保密审查；

（五）本行政机关规定的与政府信息公开有关的其他职责。

第五条　行政机关公开政府信息，应当遵循公正、公平、便民的原则。

第六条　行政机关应当及时、准确地公开政府信息。行政机关发现影响或者可能影响社会稳定、扰乱社会管理秩序的虚假或者不完整信息的，应当在其职责范围内发布准确的政府信息予以澄清。

第七条 行政机关应当建立健全政府信息发布协调机制。行政机关发布政府信息涉及其他行政机关的，应当与有关行政机关进行沟通、确认，保证行政机关发布的政府信息准确一致。

行政机关发布政府信息依照国家有关规定需要批准的，未经批准不得发布。

第八条 行政机关公开政府信息，不得危及国家安全、公共安全、经济安全和社会稳定。

第二章 公开的范围

第九条 行政机关对符合下列基本要求之一的政府信息应当主动公开：

（一）涉及公民、法人或者其他组织切身利益的；

（二）需要社会公众广泛知晓或者参与的；

（三）反映本行政机关机构设置、职能、办事程序等情况的；

（四）其他依照法律、法规和国家有关规定应当主动公开的。

第十条 县级以上各级人民政府及其部门应当依照本条例第九条的规定，在各自职责范围内确定主动公开的政府信息的具体内容，并重点公开下列政府信息：

（一）行政法规、规章和规范性文件；

（二）国民经济和社会发展规划、专项规划、区域规划及相关政策；

（三）国民经济和社会发展统计信息；

（四）财政预算、决算报告；

（五）行政事业性收费的项目、依据、标准；

（六）政府集中采购项目的目录、标准及实施情况；

（七）行政许可的事项、依据、条件、数量、程序、期限以及申请行政许可需要提交的全部材料目录及办理情况；

（八）重大建设项目的批准和实施情况；

（九）扶贫、教育、医疗、社会保障、促进就业等方面的政策、措施及其实施情况；

（十）突发公共事件的应急预案、预警信息及应对情况；

（十一）环境保护、公共卫生、安全生产、食品药品、产品质量的监督检查情况。

第十一条　设区的市级人民政府、县级人民政府及其部门重点公开的政府信息还应当包括下列内容：

（一）城乡建设和管理的重大事项；

（二）社会公益事业建设情况；

（三）征收或者征用土地、房屋拆迁及其补偿、补助费用的发放、使用情况；

（四）抢险救灾、优抚、救济、社会捐助等款物的管理、使用和分配情况。

第十二条　乡（镇）人民政府应当依照本条例第九条的规定，在其职责范围内确定主动公开的政府信息的具体内容，并重点公开下列政府信息：

（一）贯彻落实国家关于农村工作政策的情况；

（二）财政收支、各类专项资金的管理和使用情况；

（三）乡（镇）土地利用总体规划、宅基地使用的审核情况；

（四）征收或者征用土地、房屋拆迁及其补偿、补助费用的发放、使用情况；

（五）乡（镇）的债权债务、筹资筹劳情况；

（六）抢险救灾、优抚、救济、社会捐助等款物的发放情况；

（七）乡镇集体企业及其他乡镇经济实体承包、租赁、拍卖等情况；

（八）执行计划生育政策的情况。

第十三条 除本条例第九条、第十条、第十一条、第十二条规定的行政机关主动公开的政府信息外，公民、法人或者其他组织还可以根据自身生产、生活、科研等特殊需要，向国务院部门、地方各级人民政府及县级以上地方人民政府部门申请获取相关政府信息。

第十四条 行政机关应当建立健全政府信息发布保密审查机制，明确审查的程序和责任。

行政机关在公开政府信息前，应当依照《中华人民共和国保守国家秘密法》以及其他法律、法规和国家有关规定对拟公开的政府信息进行审查。

行政机关对政府信息不能确定是否可以公开时，应当依照法律、法规和国家有关规定报有关主管部门或者同级保密工作部门确定。

行政机关不得公开涉及国家秘密、商业秘密、个人隐私的政府信息。但是，经权利人同意公开或者行政机关认为不公开可能对公共利益造成重大影响的涉及商业秘密、个人隐私的政府信息，可以予以公开。

第三章　公开的方式和程序

第十五条　行政机关应当将主动公开的政府信息，通过政府公报、政府网站、新闻发布会以及报刊、广播、电视等便于公众知晓的方式公开。

第十六条　各级人民政府应当在国家档案馆、公共图书馆设置政府信息查阅场所，并配备相应的设施、设备，为公民、法人或者其他组织获取政府信息提供便利。

行政机关可以根据需要设立公共查阅室、资料索取点、信息公告栏、电子信息屏等场所、设施，公开政府信息。

行政机关应当及时向国家档案馆、公共图书馆提供主动公开的政府信息。

第十七条　行政机关制作的政府信息，由制作该政府信息的行政机关负责公开；行政机关从公民、法人或者其他组织获取的政府信息，由保存该政府信息的行政机关负责公开。法律、法规对政府信息公开的权限另有规定的，从其规定。

第十八条　属于主动公开范围的政府信息，应当自该政府信息形成或者变更之日起 20 个工作日内予以公开。法律、法规对政府信息公开的期限另有规定的，从其规定。

第十九条　行政机关应当编制、公布政府信息公开指南和政府信息公开目录，并及时更新。

政府信息公开指南，应当包括政府信息的分类、编排体系、获取方式，政府信息公开工作机构的名称、办公地址、办公时间、联系电话、传真号码、电子邮箱等内容。

政府信息公开目录，应当包括政府信息的索引、名称、内容概述、生成日期等内容。

第二十条 公民、法人或者其他组织依照本条例第十三条规定向行政机关申请获取政府信息的，应当采用书面形式（包括数据电文形式）；采用书面形式确有困难的，申请人可以口头提出，由受理该申请的行政机关代为填写政府信息公开申请。

政府信息公开申请应当包括下列内容：

（一）申请人的姓名或者名称、联系方式；

（二）申请公开的政府信息的内容描述；

（三）申请公开的政府信息的形式要求。

第二十一条 对申请公开的政府信息，行政机关根据下列情况分别作出答复：

（一）属于公开范围的，应当告知申请人获取该政府信息的方式和途径；

（二）属于不予公开范围的，应当告知申请人并说明理由；

（三）依法不属于本行政机关公开或者该政府信息不存在的，应当告知申请人，对能够确定该政府信息的公开机关的，应当告知申请人该行政机关的名称、联系方式；

（四）申请内容不明确的，应当告知申请人作出更改、补充。

第二十二条 申请公开的政府信息中含有不应当公开的内容，但是能够作区分处理的，行政机关应当向申请人提供可以公开的信息内容。

第二十三条 行政机关认为申请公开的政府信息涉及商业秘密、个人隐私，公开后可能损害第三方合法权益的，应当书面征求第三方的意见；第三方不同意公开的，不得公开。但是，行政机关认为不公开可能对公共利益造成重大影响的，应当予以公开，并将决定公开的政府信息内容和理由书面通知第三方。

第二十四条 行政机关收到政府信息公开申请，能够当场答复的，应当当场予以答复。

行政机关不能当场答复的，应当自收到申请之日起 15 个工作日内予以答复；如需延长答复期限的，应当经政府信息公开工作机构负责人同意，并告知申请人，延长答复的期限最长不得超过 15 个工作日。

申请公开的政府信息涉及第三方权益的，行政机关征求第三方意见所需时间不计算在本条第二款规定的期限内。

第二十五条 公民、法人或者其他组织向行政机关申请提供与其自身相关的税费缴纳、社会保障、医疗卫生等政府信息的，应当出示有效身份证件或者证明文件。

公民、法人或者其他组织有证据证明行政机关提供的与其自身相关的政府信息记录不准确的，有权要求该行政机关予以更正。该行政机关无权更正的，应当转送有权更正的行政机关处理，并告知申请人。

第二十六条 行政机关依申请公开政府信息，应当按照申请人要求的形式予以提供；无法按照申请人要求的形式提供的，可以通过安排申请人查阅相关资料、提供复制件或者其他适当形式提供。

第二十七条 行政机关依申请提供政府信息，除可以收取检索、复制、邮寄等成本费用外，不得收取其他费用。行政机关不得通过其他组织、个人以有偿服务方式提供政府信息。

行政机关收取检索、复制、邮寄等成本费用的标准由国务院价格主管部门会同国务院财政部门制定。

第二十八条 申请公开政府信息的公民确有经济困难的，经本人申请、政府信息公开工作机构负责人审核同意，可以减免相关费用。

申请公开政府信息的公民存在阅读困难或者视听障碍的，行政机关应当为其提供必要的帮助。

第四章 监督和保障

第二十九条 各级人民政府应当建立健全政府信息公开工作考核制度、社会评议制度和责任追究制度，定期对政府信息公开工作进行考核、评议。

第三十条 政府信息公开工作主管部门和监察机关负责对行政机关政府信息公开的实施情况进行监督检查。

第三十一条 各级行政机关应当在每年 3 月 31 日前公布本行政机关的政府信息公开工作年度报告。

第三十二条 政府信息公开工作年度报告应当包括下列内容：

（一）行政机关主动公开政府信息的情况；

（二）行政机关依申请公开政府信息和不予公开政府信息的情况；

（三）政府信息公开的收费及减免情况；

（四）因政府信息公开申请行政复议、提起行政诉讼的情况；

（五）政府信息公开工作存在的主要问题及改进情况；

（六）其他需要报告的事项。

第三十三条　公民、法人或者其他组织认为行政机关不依法履行政府信息公开义务的，可以向上级行政机关、监察机关或者政府信息公开工作主管部门举报。收到举报的机关应当予以调查处理。

公民、法人或者其他组织认为行政机关在政府信息公开工作中的具体行政行为侵犯其合法权益的，可以依法申请行政复议或者提起行政诉讼。

第三十四条　行政机关违反本条例的规定，未建立健全政府信息发布保密审查机制的，由监察机关、上一级行政机关责令改正；情节严重的，对行政机关主要负责人依法给予处分。

第三十五条　行政机关违反本条例的规定，有下列情形之一的，由监察机关、上一级行政机关责令改正；情节严重的，对行政机关直接负责的主管人员和其他直接责任人员依法给予处分；构成犯罪的，依法追究刑事责任：

（一）不依法履行政府信息公开义务的；

（二）不及时更新公开的政府信息内容、政府信息公开指南和政府信息公开目录的；

（三）违反规定收取费用的；

（四）通过其他组织、个人以有偿服务方式提供政府信息的；

（五）公开不应当公开的政府信息的；

（六）违反本条例规定的其他行为。

第五章 附 则

第三十六条 法律、法规授权的具有管理公共事务职能的组织公开政府信息的活动，适用本条例。

第三十七条 教育、医疗卫生、计划生育、供水、供电、供气、供热、环保、公共交通等与人民群众利益密切相关的公共企事业单位在提供社会公共服务过程中制作、获取的信息的公开，参照本条例执行，具体办法由国务院有关主管部门或者机构制定。

第三十八条 本条例自 2008 年 5 月 1 日起施行。

附 录

政府和社会资本合作（PPP）综合信息平台
信息公开管理暂行办法

关于印发《政府和社会资本合作（PPP）综合
信息平台信息公开管理暂行办法》的通知
财金〔2017〕1号

各省、自治区、直辖市、计划单列市财政厅（局），新疆生产建设兵团财务局，财政部驻各省、自治区、直辖市、计划单列市财政监察专员办事处：

为进一步贯彻落实《国务院办公厅转发财政部 发展改革委 人民银行关于在公共服务领域推广运用政府和社会资本合作模式指导意见的通知》》（国办发〔2015〕42号）有关要求，加强和规范政府和社会资本合作（PPP）项目信息公开工作，促进 PPP 项目各参与方诚实守信、严格履约，保障公众知情权，推动 PPP 市场公平竞争、规范发展，我们研究起草了《政府和社会资本合作（PPP）综合信息平台信息公开管理暂行办法》，现印发你们，请遵照执行。

财政部
2017 年 1 月 23 日

第一章 总 则

第一条 为加强和规范政府和社会资本合作（PPP）信息公开工作，促进 PPP 项目各参与方诚实守信、严格履约，保障公众知情权，推动 PPP 市场公平竞争、规范发展，依据《中华人民共和国预算法》、《中华人民共和国政府采购法》和《国务院办公厅转发财政部 发展改革委 人民银行关于在公共服务领域推广政府和社会资本合作模式指导意见的通知》（国办发〔2015〕42 号）等有关规定，制定本办法。

第二条 中华人民共和国境内已纳入 PPP 综合信息平台的 PPP 项目信息公开，适用本办法。

第三条 PPP 项目信息公开遵循客观、公正、及时、便利的原则。

第四条 地方各级财政部门（以下简称"财政部门"）会同同级政府有关部门推进、指导、协调、监督本行政区域范围内的 PPP 项目信息公开工作，结合当地实际具体开展以下工作：

（一）收集、整理 PPP 项目信息；

（二）在 PPP 综合信息平台录入、维护和更新 PPP 项目信息；

（三）组织编制本级政府 PPP 项目信息公开年度工作报告；

（四）根据法律法规规定和实际需要，在其他渠道同时公开 PPP 项目信息；

（五）与 PPP 项目信息公开有关的其他工作。

政府有关部门、项目实施机构、社会资本或 PPP 项目公司等 PPP 项目参与主体应真实、完整、准确、及时地提供 PPP 项目信息。

第二章 信息公开的内容

第五条 项目识别阶段应当公开的 PPP 项目信息包括：

（一）项目实施方案概要，包含：项目基本情况（含项目合作范围、合作期限、项目产出说明和绩效标准等基本信息）、风险分配框架、运作方式、交易结构（含投融资结构、回报机制、相关配套安排）、合同体系、监管架构、采购方式选择；

（二）经财政部门和行业主管部门审核通过的物有所值评价报告，包含：定性评价的指标及权重、评分标准、评分结果；定量评价测算的主要指标、方法、过程和结果（含 PSC 值、PPP 值）等（如有）；物有所值评价通过与否的结论；

（三）经财政部门审核通过的财政承受能力论证报告，包含：本项目各年度财政支出责任数额及累计支出责任总额，本级政府本年度全部已实施和拟实施的 PPP 项目各年度财政支出责任数额总和及其占各年度一般公共预算支出比例情况；财政承受能力论证的测算依据、主要因素和指标等；财政承受能力论证通过与否的结论；

（四）其他基础资料，包括：新建或改扩建项目建议书及批复文件、可行性研究报告（含规划许可证、选址意见书、土地预审意见、环境影响评价报告等支撑性文件）及批复文件、设计文件及批复文件（如有）；存量公共资产建设、运营维护的历史资料以及第三方出具的资产评估报告，以及存量资产或权益转让时所可能涉及到的员工安置方案、债权债务处置方案、土地处置方案等（如有）。

第六条 项目准备阶段应当公开的 PPP 项目信息包括：

（一）政府方授权文件，包括对实施机构、PPP 项目合同的政府方签约主体、政府方出资代表（如有）等的授权；

（二）经审核通过的项目实施方案（含同级人民政府对实施方案的批复文件），包含：项目基本情况（含项目合作范围、合作期限、项目产出说明和绩效标准等基本信息），风险分配框架，运作方式，交易结构（含投融资结构、回报机制、相关配套安排），合同体系及核心边界条件；监管架构；采购方式选择；

（三）按经审核通过的项目实施方案验证的物有所值评价报告（如有）；

（四）按经审核通过的项目实施方案验证的财政承受能力论证报告（如有）。

第七条 项目采购阶段的信息公开应遵照政府采购等相关规定执行，应当公开的 PPP 项目信息包括：

（一）项目资格预审公告（含资格预审申请文件）及补充公告（如有）；

（二）项目采购文件，包括竞争者须知、PPP 项目合同草案、评审办法（含评审小组组成、评审专家人数及产生方式、评审细则等）；

（三）补遗文件（如有）；

（四）资格预审评审及响应文件评审结论性意见；

（五）资格预审专家、评审专家名单、确认谈判工作组成员名单；

（六）预中标、成交结果公告；

（七）中标、成交结果公告及中标通知书；

（八）项目采购阶段更新、调整的政府方授权文件（如有），包括对实施机构、PPP 项目合同的政府方签约主体、政府方出资代表（如有）等的授权，

（九）同级人民政府同意签署 PPP 项目合同的批复文件，以及已签署的 PPP 项目合同，并列示主要产出说明及绩效指标、回报机制、调价机制等核心条款。

第八条 项目执行阶段应当公开的 PPP 项目信息包括：

（一）项目公司（如有）设立登记、股东认缴资本金及资本金实缴到位情况、增减资情况（如有）、项目公司资质情况（如有）；

（二）项目融资机构名称、项目融资金额、融资结构及融资交割情况；

（三）项目施工许可证、建设进度、质量及造价等与 PPP 项目合同有关约定的对照审查情况；

（四）社会资本或项目公司的运营情况（特别是出现重大经营或财务风险，可能严重影响到社会资本或项目公司正常运营的情况）及运营绩效达标情况；

（五）项目公司绩效监测报告、中期评估报告、项目重大变更或终止情况、项目定价及历次调价情况；

（六）项目公司财务报告，包括项目收费情况，项目获得的政府补贴情况，项目公司资产负债情况等内容；

（七）项目公司成本监审、PPP 项目合同的变更或补充协议签订情况；

（八）重大违约及履约担保的提取情况，对公众投诉的处理情况等；

（九）本级政府或其职能部门作出的对项目可能产生重大影响的规定、决定等；

（十）项目或项目直接相关方（主要是 PPP 项目合同的签约各方）重大纠纷、诉讼或仲裁事项，但根据相关司法程序要求不得公开的除外；

（十一）本级 PPP 项目目录、本级 PPP 项目示范试点库及项目变化情况、本级人大批准的政府对 PPP 项目的财政预算、执行及决算情况等。

第九条 项目移交阶段应当公开的 PPP 项目信息包括：

（一）移交工作组的组成、移交程序、移交标准等移交方案；

（二）移交资产或设施或权益清单、移交资产或权益评估报告（如适用）、性能测试方案，以及移交项目资产或设施上各类担保或权益限制的解除情况；

（三）项目设施移交标准达标检测结果；

（四）项目后评价报告（含对项目产出、成本效益、监管成效、可持续性、PPP 模式应用等进行绩效评价），以及项目后续运作方式。

第三章　信息公开的方式

第十条 PPP 项目信息公开的方式包括即时公开和适时公开。

第十一条 即时公开是指财政部门会同有关部门和项目实施机构等依据 PPP 项目所处的不同阶段及对应的录入时间要求，

在 PPP 综合信息平台录入本办法规定的相关信息时即自动公开。即时公开的内容及要求详见本办法附件。

第十二条 适时公开是指在录入本办法规定的相关信息时不自动公开，而是由财政部门会同有关部门选择在项目进入特定阶段或达成特定条件后再行公开。除本办法另有规定外，项目识别、准备、采购阶段的信息，由财政部门会同有关部门选择在项目进入执行阶段后 6 个月内的任一时点予以公开；项目执行阶段的信息，由财政部门会同相关部门选择在该信息对应事项确定或完成后次年的 4 月 30 日前的任一时点予以公开。前述期限届满后未选择公开的信息将转为自动公开。适时公开的内容及要求详见本办法附件。

第十三条 依照本办法公开的 PPP 项目信息可在财政部政府和社会资本合作中心官方网站（www.cpppc.org）上公开查询。其中 PPP 项目政府采购信息应当在省级以上人民政府财政部门指定的政府采购信息发布媒体上同步发布。

第四章　监督管理

第十四条 财政部对全国 PPP 项目信息公开情况进行评价和监督，省级财政部门负责对本省 PPP 项目信息公开工作进行监督管理。下级财政部门未按照本办法规定真实、完整、准确、及时录入应公开 PPP 项目信息的，上级财政部门应责令其限期改正；逾期拒不改正或情节严重的，予以通报批评。

第十五条 政府有关部门、项目实施机构、社会资本或 PPP 项目公司等 PPP 项目信息提供方应当对其所提供信息的真实性、完整性、准确性、及时性负责。一经发现所提供信息不真实、不完整、不准确、不及时的，PPP项目信息提供方应主动及时予以修正、补充或采取其他有效补救措施。如经财政部门或利益相关方提供相关材料证实PPP项目信息提供方未按照规定提供信息或存在其他不当情形的，财政部门可以责令其限期改正；无正当理由拒不改正的，财政部门可将该项目从项目库中清退。被清退的项目自清退之日起一年内不得重新纳入PPP综合信息平台。

第十六条　财政部门应会同政府有关部门在每年2月28日前完成上一年度本级政府实施的PPP项目信息公开年度工作报告，报送省级财政部门，并由省级财政部门在每年3月31日前汇总上报至财政部。报告内容应包括：

（一）即时和适时公开PPP项目信息的情况；

（二）PPP项目信息公开工作存在的主要问题及改进情况；

（三）其他需要报告的事项。

第十七条　财政部门工作人员在PPP项目信息公开监督管理工作中存在滥用职权、玩忽职守、徇私舞弊等违法违纪行为的，按照《公务员法》、《行政监察法》、《财政违法行为处罚处分条例》等国家有关规定追究相应责任；涉嫌犯罪的，移送司法机关处理。

第十八条　公民、法人或者其他组织可以通过PPP综合信息平台对PPP项目信息公开情况提供反馈意见，相关信息提供方应及时予以核实处理。

第五章　附　则

第十九条　PPP综合信息平台是指依据《关于规范政府和

社会资本合作（PPP）综合信息平台运行的通知》（财金〔2015〕166号）由财政部建立的全国 PPP 综合信息管理和发布平台，包含项目库、机构库、资料库三部分。

第二十条 PPP 项目信息公开涉及国家秘密、商业秘密、个人隐私、知识产权，可能会危及国家安全、公共安全、经济安全和社会稳定或损害公民、法人或其他组织的合法权益的，依照相关法律法规处理。

第二十一条 本办法自 2017 年 3 月 1 日起施行。

附：PPP 项目信息公开要求（略）

关于全面推进政务公开工作的意见

（新华社北京 2016 年 2 月 17 日电，中共中央办公厅、国务院办公厅印发）

公开透明是法治政府的基本特征。全面推进政务公开，让权力在阳光下运行，对于发展社会主义民主政治，提升国家治理能力，增强政府公信力执行力，保障人民群众知情权、参与权、表达权、监督权具有重要意义。党中央、国务院高度重视政务公开，作出了一系列重大部署，各级政府认真贯彻落实，政务公开工作取得积极成效。但与人民群众的期待相比，与建设法治政府的要求相比，仍存在公开理念不到位、制度规范不完善、工作力度不够强、公开实效不理想等问题。为进一步做好当前和今后一个时期政务公开工作，现提出以下意见。

一、全面推进政务公开工作的总体要求

（一）指导思想。认真落实党的十八大和十八届三中、四中、五中全会精神，深入贯彻习近平总书记系列重要讲话精神，紧紧围绕"四个全面"战略布局，牢固树立创新、协调、绿色、开放、共享的发展理念，深入推进依法行政，全面落实党中央、国务院有关决策部署和政府信息公开条例，坚持以公开为常态、不公开为例外，推进行政决策公开、执行公开、管理公开、服务公开和结果公开，推动简政放权、放管结合、优化服务改革，激发市场活力和社会创造力，打造法治政府、创新政府、廉洁政府和服务型政府。

（二）基本原则。紧紧围绕经济社会发展和人民群众关注关切，以公开促落实，以公开促规范，以公开促服务。依法依规明确政务公开的主体、内容、标准、方式、程序，加快推进权力清单、责任清单、负面清单公开。坚持改革创新，注重精细化、可操作性，务求公开实效，让群众看得到、听得懂、能监督。以社会需求为导向，以新闻媒体为载体，推行"互联网+政务"，扩大公众参与，促进政府有效施政。

（三）工作目标。到 2020 年，政务公开工作总体迈上新台阶，依法积极稳妥实行政务公开负面清单制度，公开内容覆盖权力运行全流程、政务服务全过程，公开制度化、标准化、信息化水平显著提升，公众参与度高，用政府更加公开透明赢得人民群众更多理解、信任和支持。

二、推进政务阳光透明

（四）推进决策公开。把公众参与、专家论证、风险评估、合法性审查、集体讨论决定确定为重大行政决策法定程序。实行重大决策预公开制度，涉及群众切身利益、需要社会广泛知晓的重要改革方案、重大政策措施、重点工程项目，除依法应当保密的外，在决策前应向社会公布决策草案、决策依据，通过听证座谈、调查研究、咨询协商、媒体沟通等方式广泛听取公众意见，以适当方式公布意见收集和采纳情况。探索利益相关方、公众、专家、媒体等列席政府有关会议制度，增强决策透明度。决策作出后，按照规定及时公开议定事项和相关文件。

（五）推进执行公开。主动公开重点改革任务、重要政策、重大工程项目的执行措施、实施步骤、责任分工、监督方式，根据工作进展公布取得成效、后续举措，听取公众意见建议，加强和改进工作，确保执行到位。各级政府及其工作部门都要做好督查和审计发现问题及整改落实情况的公开，对不作为、慢作为、乱作为问责情况也要向社会公开，增强抓落实的执行力。

（六）推进管理公开。全面推行权力清单、责任清单、负面清单公开工作，建立健全清单动态调整公开机制。推行行政执法公示制度，各级政府要根据各自的事权和职能，按照突出重点、依法有序、准确便民的原则，推动执法部门公开职责权限、执法依据、裁量基准、执法流程、执法结果、救济途径等，规范行政裁量，促进执法公平公正。推进监管情况公开，重点公开安全生产、生态环境、卫生防疫、食品药品、保障性住房、质量价格、国土资源、社会信用、交通运输、旅游市场、国有企业运营、公共资源交易等监管信息。公开民生资金等分配使用情况，重点围绕实施精准扶贫、精准脱贫，加大扶贫对象、扶贫资金分配、扶贫资金使用等信息公开力度，接受社会监督。

（七）推进服务公开。把实体政务服务中心与网上办事大厅结合起来，推动政务服务向网上办理延伸。各地区各部门要全面公开服务事项，编制发布办事指南，简化优化办事流程，让群众不跑冤枉路，办事更明白、更舒心。公布行政审批中介服务事项清单，公开项目名称、设置依据、服务时限。推行政府购买公共服务、政府和社会资本合作（PPP）提供公共服务的公开。大力推进公共企事业单位办事公开，行业主管部门要加强分类指导，组织编制公开服务事项目录，制定完善具体办法，切实承担组织协调、监督指导职责。通过最大限度方便企业和群众办事，打通政府联系服务群众"最后一公里"。

（八）推进结果公开。各级行政机关都要主动公开重大决策、重要政策落实情况，加大对党中央、国务院决策部署贯彻落实结果的公开力度。推进发展规划、政府工作报告、政府决定事项落实情况的公开，重点公开发展目标、改革任务、民生举措等方面事项。建立健全重大决策跟踪反馈和评估制度，注重运用第三方评估、专业机构鉴定、社情民意调查等多种方式，科学评价政策落实效果，增强结果公开的可信度，以工作实绩取信于民。

（九）推进重点领域信息公开。着力推进财政预决算、公共资源配置、重大建设项目批准和实施、社会公益事业建设等领域的政府信息公开，有关部门要制定实施办法，明确具体要求。各级行政机关对涉及公民、法人或其他组织权利和义务的规范性文件，都要按照政府信息公开要求和程序予以公布。规范性文件清理结果要向社会公开。加强突发事件、公共安全、重大疫情等信息发布，负责处置的地方和部门是信息发布第一责任人，要快速反应、及时发声，根据处置进展动态发布信息。

三、扩大政务开放参与

（十）推进政府数据开放。按照促进大数据发展行动纲要的要求，实施政府数据资源清单管理，加快建设国家政府数据统一开放平台，制定开放目录和数据采集标准，稳步推进政府数据共享开放。优先推动民生保障、公共服务和市场监管等领域的政府数据向社会有序开放。制定实施稳步推进公共信息资源开放的政策意见。支持鼓励社会力量充分开发利用政府数据资源，推动开展众创、众包、众扶、众筹，为大众创业、万众创新提供条件。

（十一）加强政策解读。将政策解读与政策制定工作同步考虑，同步安排。各地区各部门要发挥政策参与制定者，掌握相关政策、熟悉有关领域业务的专家学者和新闻媒体的作用，注重运用数字化、图表图解、音频视频等方式，提高政策解读的针对性、科学性、权威性。对涉及面广、社会关注度高、实施难度大、专业性强的政策法规，要通过新闻发布、政策吹风、接受访谈、发表文章等方式做好解读，深入浅出地讲解政策背景、目标和要点。各省（自治区、直辖市）政府和国务院各部门要充分利用新闻发布会和政策吹风会进行政策解读，领导干部要带头宣讲政策，特别是遇有重大突发事件、重要社会关切等，主要负责人要带头接受媒体采访，表明立场态度，发出权威声音，当好"第一新闻发言人"。新闻媒体、新闻网站、研究机构要做好党中央、国务院重大政策解读工作。

（十二）扩大公众参与。通过政务公开让公众更大程度参与政策制定、执行和监督，汇众智定政策抓落实，不断完善政策，改进工作。研究探索不同层级、不同领域公众参与的事项种类和方式，搭建政民互动平台，问政于民、问需于民、问计于民，增进公众对政府工作的认同和支持。充分利用互联网优势，积极探索公众参与新模式，提高政府公共政策制定、公共管理、公共服务的响应速度。

（十三）回应社会关切。建立健全政务舆情收集、研判、处置和回应机制，加强重大政务舆情回应督办工作，开展效果评估。对涉及本地区本部门的重要政务舆情、媒体关切、突发事件等热点问题，要按程序及时发布权威信息，讲清事实真相、政策措施以及处置结果等，认真回应关切。依法依规明确回应主体，落实责任，确保在应对重大突发事件及社会热点事件时不失声、不缺位。

（十四）发挥媒体作用。把新闻媒体作为党和政府联系群众的桥梁纽带，运用主要新闻媒体及时发布信息，解读政策，引领社会舆论。安排中央和地方媒体、新闻网站负责人参与重要活动，了解重大决策；畅通采访渠道，积极为媒体采访提供便利。同时也要发挥新闻网站、商业网站以及微博微信、移动客户端等新媒体的网络传播力和社会影响力，提高宣传引导的针对性和有效性。

四、提升政务公开能力

（十五）完善制度规范。建立健全政务公开制度，注重将政务公开实践成果上升为制度规范，对不适应形势要求的规定及时予以调整清理。修订政府信息公开条例，完善主动公开、依申请公开信息等规定。建立公开促进依法行政的机制，推动相关部门解决行政行为不规范等问题。建立健全政务公开内容、流程、平台、时限等相关标准。推进政务服务中心标准化建设，统一名称标识、进驻部门、办理事项、管理服务等。制定政府网站发展指引，明确功能定位、栏目设置、内容保障等要求。

（十六）建立政务公开负面清单。各省（自治区、直辖市）政府和国务院各部门要依法积极稳妥制定政务公开负面清单，细化明确不予公开范围，对公开后危及国家安全、经济安全、公共安全、社会稳定等方面的事项纳入负面清单管理，及时进行调整更新。负面清单要详细具体，便于检查监督，负面清单外的事项原则上都要依法依规予以公开。健全公开前保密审查机制，规范保密审查程序，妥善处理好政务公开与保守秘密的关系，对依法应当保密的，要切实做好保密工作。

（十七）提高信息化水平。积极运用大数据、云计算、移动互联网等信息技术，提升政务公开信息化、集中化水平。加快推进"互联网+政务"，构建基于互联网的一体化政务服务体系，通过信息共享、互联互通、业务协同，实行审批和服务事项在线咨询、网上办理、电子监察，做到利企便民。推动信用信息互联共享，促进"信用中国"建设。充分利用政务微博微信、政务客户端等新平台，扩大信息传播，开展在线服务，增强用户体验。

（十八）加强政府门户网站建设。强化政府门户网站信息公开第一平台作用，整合政府网站信息资源，加强各级政府网站之间协调联动，强化与中央和地方主要新闻媒体、主要新闻网站、重点商业网站的联动，充分运用新媒体手段拓宽信息传播渠道，完善功能，健全制度，加强内容和技术保障，将政府网站打造成更加全面的信息公开平台、更加权威的政策发布解读和舆论引导平台、更加及时的回应关切和便民服务平台。

（十九）抓好教育培训。各级政府要把政务公开列入公务员培训科目，依托各级党校、行政学院、干部学院等干部教育培训机构，加强对行政机关工作人员特别是领导干部的培训，增强公开意识，提高发布信息、解读政策、回应关切的能力。制定业务培训计划，精心安排培训科目和内容，分级分层组织实施，力争3年内将全国从事政务公开工作人员轮训一遍，支持政务公开工作人员接受相关继续教育。教育主管部门要鼓励高等学校开设政务公开课程，培养政务公开方面的专门人才。

五、强化保障措施

（二十）加强组织领导。各级党委和政府要高度重视政务公开工作。各级政府要在党委统一领导下，牵头做好政务公开工作，确定一位政府领导分管，建立健全协调机制，明确责任分工，切实抓好工作落实。各级政府及其工作部门办公厅（室）是政务公开工作的主管部门，具体负责组织协调、指导推进、监督检查本地区本系统的政务公开工作，要整合政务公开方面的力量和资源，加强与新闻媒体、新闻网站等的沟通协调，做好统筹指导；进一步理顺机制，明确工作机构，配齐配强专职工作人员。有条件的应把政务公开、政务服务、政府数据开放、公共资源交易监督管理等工作统筹考虑、协同推进。要加强政务公开工作经费保障，为工作顺利开展创造条件。鼓励通过引进社会资源、购买服务等方式，提升政务公开专业化水平。

（二十一）加强考核监督。把政务公开工作纳入绩效考核体系，加大分值权重。鼓励支持第三方机构对政务公开质量和效果进行独立公正的评估。指导新闻媒体和政府网站做好发布政府信息、解读政策、回应关切的工作。充分发挥人大代表、政协委员、民主党派、人民团体、社会公众、新闻媒体对政务公开工作的监督作用。强化激励和问责，对政务公开工作落实好的，按照有关规定予以表彰；对公开工作落实不到位的，予以通报批评；对违反政务公开有关规定、不履行公开义务或公开不应当公开事项，并造成严重影响的，依法依规严肃追究责任。

国务院办公厅根据本意见制定相关实施细则。各地区各部门要结合实际，制定具体实施办法，细化任务措施，明确责任分工，认真抓好落实。

"十三五"国家政务信息化工程建设规划

国家发展改革委关于印发
"十三五"国家政务信息化工程建设规划的通知
发改高技〔2017〕1449号

各省、自治区、直辖市及计划单列市人民政府，中央和国家机关各部门、各直属机构，全国人大常委会办公厅，全国政协办公厅，高法院，高检院：

根据《国务院关于"十三五"国家政务信息化工程建设规划的批复》（国函〔2017〕93号），现将《"十三五"国家政务信息化工程建设规划》（以下简称《规划》）印发你们，并就有关事项通知如下。

一、"十三五"时期是全面建成小康社会的决胜时期。各单位要全面贯彻党的十八大和十八届三中、四中、五中、六中全会精神，深入落实党中央、国务院决策部署，认真领会国务院批复精神，紧紧围绕"五位一体"总体布局和"四个全面"战略布局，牢固树立创新、协调、绿色、开放、共享的发展理念，面向改革治理需要和社会公众期望，聚焦政府治理和改革发展重点任务，构建大平台、大数据、大系统顶层框架，加强政务信息化建设，大力推进整合共享，增强发展能力，提升服务水平，确保信息安全，建设形成满足国家治理体系和治理能力现代化要求的政务信息化体系。

二、请各地区、各部门及有关单位进一步凝聚共识、统一步调，强化《规划》实施的组织领导和工作协调。到"十三五"末，要形成共建共享的一体化政务信息公共基础设施大平台，总体满足政务应用需要；形成国家政务信息资源管理和服务体系，政务数据共享开放及社会大数据融合应用取得突破性进展，显著提升政务治理和公共服务的精准性和有效性；建成跨部门、跨地区协同治理大系统，在支撑国家治理创新上取得突破性进展；形成线上线下相融合的公共服务模式，显著提升社会公众办事创业的便捷度。推进政务信息化可持续发展，有力促进网络强国建设，显著提升宏观调控科学化、政府治理精准化、公共服务便捷化、基础设施集约化水平。

三、国家发展改革委将按照国务院的批复精神，加强项目统筹管理，优化项目审批流程，科学组织工程建设，及时协调解决《规划》实施中存在的问题。各项目建设单位要强化信息系统互联互通、数据共享开放和业务协同联动，切实提高工程建设的整体效能和投资效益。国家发展改革委将会同有关部门做好对《规划》实施情况的监督检查和评估工作，对《规划》实施中存在的问题、评估结果和总体实施情况向国务院报告。

国家发展改革委

2017 年 7 月 31 日

一、现状和形势

当前，新一轮信息革命正引领人类从工业文明加速向信息文明转型，全面影响和重塑经济运行、社会发展、国家治理、人民生活等各个领域，政务信息化已成为通往现代治理之路必不可少的重要依托。全面加快政务信息化创新发展，已成为推进国家治理体系和治理能力现代化建设的重要手段，对于深化行政体制改革，建设法治政府、创新政府、廉洁政府和服务型政府具有重要意义。新世纪以来，我国政务信息化经过"十一五"全面建设、"十二五"转型发展，基本实现部门办公自动化、重点业务信息化、政府网站普及化，跨部门、跨地区共建工程逐步成为政务信息化工程建设的主要形态，成为支撑"放管服"改革的重要平台。信息共享、绩效评估等一批创新性制度和办法颁布实施，一定程度上改善了部门系统分割、资源分散的局面，政务信息化日益成为政府高效履职行政的重要手段。

"十三五"时期是全面建成小康社会的决胜阶段，政务信息化工作需面向时代发展主题、面向改革治理需要、面向社会公众期望，贯彻以人民为中心的发展思想，聚焦"放管服"改革创新、纵横联动协同治理、"互联网+政务服务"、促进创新创业等任务，增强发展能力，提升服务水平，优化发展环境，推动政务信息化建设迈入"集约整合、全面互联、协同共治、共享开放、安全可信"的新阶段。在此背景下，《中华人民共和国国民经济和社会发展第十三个五年规划纲要》、《国家信息化发展战略纲要》、《"十三五"国家信息化规划》等文件对政务信息化工作提出了明确要求。为贯彻落实上述战略和规划，推动政务信息化建设集约创新和高效发展，构建形成满足国家治理体系与治理能力现代化要求的政务信息化体系，特制定本规划。

本规划将作为"十三五"期间统筹安排国家政务信息化工程投资的重要依据。

二、总体要求

（一）指导思想。高举中国特色社会主义伟大旗帜，全面贯彻落实党的十八大和十八届三中、四中、五中、六中全会精神，深入学习贯彻习近平总书记系列重要讲话精神，紧紧围绕"五位一体"总体布局和"四个全面"战略布局，坚持把推进国家治理体系和治理能力现代化作为政务信息化工作的总目标，大力加强统筹整合和共享共用，统筹构建一体整合大平台、共享共用大数据、协同联动大系统，推进解决互联互通难、信息共享难、业务协同难的问题，将"大平台、大数据、大系统"作为较长一个时期指导我国政务信息化建设的发展蓝图，构建一体化政务治理体系，促进治理机制协调化和治理手段高效化，形成部门联动的协同治理新局面，为全面建成小康社会奠定坚实基础。

（二）基本原则。按照政务信息化工作的发展共识，着力打破传统工程项目建设管理的思维惯性和路径依赖，实现发展动力、发展机制、发展重心、发展模式的转变，推动政务信息化创新集约高效发展。

——坚持创新思维、实现动力转变。打破思维惯性，充分利用新技术、新模式、新理念优化工作流程、创新业务模式、改革管理制度、强化纵横联动协同治理，强化技术供给侧创新，以制度创新+技术创新推进"放管服"改革任务，助力政务治理，实现由项目驱动向创新驱动的动力转变。

——坚持开放思维、强化机制转变。打破理念束缚，充分发挥市场主体作用，鼓励采用委托代建、以租代建、BOT、服务外包等新模式，促进工程建设主体和服务方式的多元化；形成政务公开、数据开放、社会参与的常态化机制，实现由政府投资建设为主向政府与社会投资双轮驱动的机制转变。

——坚持服务思维、实现重心转变。打破服务瓶颈，紧密围绕民生保障、扶贫脱贫、惠民服务等社会公众的切身难题，大力实施"互联网+政务服务"，构建公平、普惠、便捷、高效的公共服务信息体系，切实方便群众办事创业，实现由行政办公需求为主向以服务公众需求为主的重心转变。

——坚持系统思维、加快模式转变。打破路径依赖，采用系统工程思维，大力加强工程建设的统筹整合和共享共用，统筹共建电子政务公共基础设施，统筹强化网络信息安全保障，统筹协调政务业务纵横联动，统筹推动增量资产和存量资产的衔接配套，大力推进政务信息资源共享利用和有效汇聚，促进政务信息系统快速迭代开发和集约发展，实现由分散建设向共建共享的模式转变。

（三）主要目标。到"十三五"末期，政务信息化工程建设总体实现以下目标：基本形成满足国家治理体系与治理能力现代化要求的政务信息化体系，构建形成大平台共享、大数据慧治、大系统共治的顶层架构，建成全国一体化的国家大数据中心，有力促进网络强国建设，显著提升宏观调控科学化、政府治理精准化、公共服务便捷化、基础设施集约化水平，总体满足国家治理创新需要和社会公众服务期望。

——大平台共享新设施。深入推进政务信息化建设的集约整合和共享共用，加大平台整合创新力度，一体化推进国家电子政务网络、国家政务数据中心、国家数据共享交换工程和国家公共数据开放网站的融合建设，打造"覆盖全国、统筹利用、统一接入"的大平台，形成存储数据、交换数据、共享数据、使用数据、开放数据的核心枢纽，系统性打破信息孤岛，有力促进政务信息系统整合，为构建全国一体化的国家大数据中心奠定基础。

——大数据慧治新能力。形成国家政务信息资源管理和服务体系，实现 80% 以上政务数据资源的高效采集、有效整合，政务数据共享开放及社会大数据融合应用取得突破性进展，形成以数据为支撑的治理能力，提升宏观调控、市场监管、社会治理和公共服务的精准性和有效性。

——大系统共治新格局。以跨部门、跨地区协同治理大系统为工程建设主要形态，建成执政能力、民主法治、综合调控、市场监管、公共服务、公共安全等 6 个大系统工程，形成协同治理新格局，满足跨部门、跨地区综合调控、协同治理、一体服务需要，在支撑国家治理创新上取得突破性进展。

——大服务惠民新模式。形成线上线下相融合的公共服务模式，依托综合政务服务平台有效汇聚各行业领域政务服务资源，"五证合一"、"证照分离"等取得显著进展，以"一号、一窗、一网"为核心的政务服务模式得到全面推广，社会公众办事创业便捷度明显提升，在便民利民上取得突破性进展。

——工程建设管理新局面。形成"政府+市场、平台+系统"的工程管理新模式，大幅减少系统分散建设和信息孤岛，集约化程度明显提升，工程规模得到显著控制，建设进度得到明显加快，绩效评价发挥约束引导实效；相关立法工作取得进展，标准规范体系、安全保障体系进一步完善，形成长效、可持续的发展环境。

三、主要任务

根据"十三五"时期国民经济和社会发展相关重大战略、重大任务、重大工程，以及相关法律法规和政策文件精神，按照"大平台、大数据、大系统"总体框架，建设以下重点工程。

（一）构建一体化政务数据平台

按照"数、云、网、端"融合创新趋势及电子政务集约化建设需求，依托统一的国家电子政务网络加快建设综合性公共基础设施平台，形成互联互通、安全防护、共享交换、云计算、数据分析、容灾备份等综合服务能力，实现电子政务关键公共基础设施的统建共用，支撑政务业务协同和数据共享汇聚。

1. 国家电子政务网络

建设目标：全面建成统一的国家电子政务网络，基本实现各类政务专网的整合迁移和融合互联，政务信息安全防护能力得到显著强化，支撑各级政务部门纵横联动和协同治理。

建设内容：

加快建设国家电子政务内网。完善顶层互联互通平台建设，按需拓展网络覆盖范围，形成统一的国家电子政务内网网络；有序组织涉密专网向内网的迁移工作；构建内网综合安全保障体系，完善内网密钥管理、电子认证基础设施和相关密码保障系统，形成全国统一的政务内网信任服务体系；强化网络综合运维管理，提高内网网络安全管控和综合支撑能力。

建设完善国家电子政务外网。优化骨干网络结构，加快非涉密政务专网迁移整合或融合互联，指导和支持中西部、东北及少数民族地区全面升级电子政务外网，实现中央、省、市、县各级政务部门的四级覆盖，加快向乡镇、街道、社区、农村延伸；统一互联网出口、拓展互联网区服务能力、加强移动接入平台建设，建设综合安全管理系统，完善统一的电子政务外网信任服务体系，全面加强全网等级保护建设，提升政务外网承载服务和安全保障能力。

2. 国家政务数据中心

建设目标：依托国家电子政务网络和互联网，建成数据中心和云计算一体融合的国家政务数据中心，为中央部门提供多层次、专业化云服务，支撑政务业务协同和数据共享汇聚，为构建全国一体化的国家大数据中心奠定基础。

建设内容：建设统一的国家政务数据中心，形成安全可控、集成创新、分类服务的政务云，承载国家数据共享交换枢纽、国家公共数据开放网站、国家基础信息资源库以及跨部门重大信息化工程；面向各部门提供专业化的系统托管、数据交换、业务协同、容灾备份服务；推广办公系统、政务信息公开、政民互动、调查系统、邮件系统等通用软件云服务。按照全局统筹、部门统一、市场服务、央地互补的原则，以统筹整合、整体采购、授权服务方式相结合，以国家政务数据中心整合盘活政府已有数据中心和社会化数据中心资源，构建形成符合政务信息化需求及安全保密要求的政务数据中心体系；推动部门存量基础设施资源的整合利用，依托国家政务数据中心构建部门私有云，推动不具备规模效应的部门数据中心逐步向国家政务数据中心迁移，促进全国一体化国家大数据中心建设。

3. 国家数据共享交换工程

建设目标：建成统一的国家数据共享交换枢纽，全面贯通省级数据共享交换枢纽节点，形成全国政务信息共享体系，实现重要信息系统通过统一平台进行数据共享交换，政务数据共享率大幅提升。

建设内容：依托政务内网和政务外网，分别建设涉密和非涉密数据共享交换枢纽，构建国家政务信息资源共享目录服务系统和标准规范体系，规范各部门共享交换数据的内容、质量和方式。推动地方数据共享交换枢纽建设，实现国家数据共享交换枢纽与地方数据共享交换枢纽的对接，形成统一的全国政务信息共享枢纽体系，支撑国家基础信息库、重大体系工程及部门重要信息系统跨部门、跨地区、跨领域数据共享交换。建设全国政务信息共享网站，汇聚政务信息，监测共享情况，加强政务数据关联分析利用。

4. 国家公共数据开放网站

建设目标：在依法加强安全保障和隐私保护的前提下，重点围绕民生服务需求，实现可开放政务数据向社会公众集中、有序开放和规范利用，提升开放数据的数量、质量、时效性和易用性，显著提升公共数据的有效利用和深度开发水平，促进社会创新和信息经济发展。

建设内容：建设国家公共数据开放网站，形成统一的门户服务、数据开放管理、安全脱敏、可控流通等功能；在政务信息资源目录基础上，形成政务数据资源开放目录，编制政务数据开放共享标准规范；结合社会公众需求，以可机读批量下载方式，分级、分类重点开放企业登记、信用、交通、医疗、卫生、就业、社保、地理、文化、教育、科技、知识产权、自然资源、农业、林业、环境、安监、质量、统计、气象等公共服务相关领域的非涉密公共数据；加强对经济社会重要领域社会化数据的采集汇聚，促进政务数据与社会数据的关联融合创新。

（二）共建共享国家基础信息资源

以国家基础信息库共建共享为推进抓手，打破信息壁垒和"数据孤岛"，逐步实现与业务信息以及社会大数据的关联汇聚，构建统一高效、互联互通、安全可靠的国家信息资源体系，打通各部门信息系统，推动信息跨部门跨层级共享共用，依托国家公共数据开放网站，加快推进基础信息资源向社会开放。

1. 人口基础信息库

建设目标：依托统一的国家电子政务网络，建成人口基础信息库，在所有政务部门间实时共享，为各级政务关部门开展相关业务和政务服务提供基础信息支持。

建设内容：加快建设完善人口基础信息库，形成数据及时更新校核机制；将人口基础信息库的交换平台向统一的国家数据共享交换枢纽迁移，实现分散于部门专网的人口基础信息向国家电子政务网络实时共享汇聚；促进相关部门信息系统有关人口业务信息的采集汇聚，扩展健康、收入、婚姻、社保、救助、贫困、残疾、流动、死亡等信息，逐渐丰富人口基础信息资源条目，深化人口信息资源的分布查询和应用；通过国家公共数据开放网站安全可控的数据接口，面向社会提供脱敏人口信息资源，促进相关领域业务创新。

2. 法人单位基础信息库

建设目标：依托统一的国家电子政务网络，建成法人单位信息资源库，实现机关法人、事业法人、企业法人、社会组织法人和其他法人基础信息的实时共享。实现基础信息的有序开放，促进法人单位信息资源的社会化利用。

建设内容：建设完善法人单位基础信息库，形成数据及时更新校核机制，在统一的国家电子政务网络环境下，依托国家数据共享交换枢纽实现法人单位基础信息在所有政务部门间实时共享。在此基础上扩展各类法人单位的组织结构、股权结构、经营范围、资产规模、税源税收、销售收入、就业人数、人才构成、产品服务等信息，促进相关部门有关法人单位业务信息的关联汇聚，丰富法人单位信息资源。支撑法人单位信息资源的分布查询和深化应用。通过国家公共数据开放网站，分级、分类安全有序开放法人单位基础信息，促进社会化创新应用。

3. 自然资源和地理空间基础信息库

建设目标：依托统一的国家电子政务网络，建成自然资源和地理空间基础信息库，面向各级政务部门实时共享，有序向社会开放数据，为政务治理决策和社会化创新利用提供数据支持。

建设内容：建设完善自然资源和地理空间基础信息库，扩展政务部门和社会普遍需要的自然资源和空间地理基础信息，依托国家数据共享交换枢纽加快土地矿产资源、生态环境状态、地质地震构造、耕地草原渔业、农作物种植情况、森林湿地荒漠、生物物种分布、河湖水系分布、城乡规划布局、地下设施管网、水域空域航线等空间地理业务信息的采集汇聚，并与空间地理基础信息库进行关联，实现遥感数据服务、自然资源和地理信息公共服务的结合；加强在国土资源、城乡规划与建设、区域规划、农业、林业、水利、气象、海洋、环境、减灾、统计、交通、教育等领域的共享应用；通过国家公共数据开放网站安全可控的数据接口向社会开放，促进自然资源和空间地理信息的公益性服务和市场化创新应用。

4. 社会信用信息库

建设目标：构建基于统一社会信用代码的社会信用基础信息库，实现社会信用基础信息的跨部门跨地区共享和面向社会开放，为相关领域开展守信联合激励和失信联合惩戒及社会征信市场发展提供统一基础信息支撑服务。

建设内容：依托国家数据共享交换枢纽，加快统一社会信用代码信息的集中汇聚，实现增量及时公开、存量转换到位，抓紧建立统一社会信用代码及其与现有各类管理代码的映射关系。在此基础上实现行政许可信息、行政处罚信息、联合惩戒信息的归集，通过国家企业信用信息公示系统依法向社会公示，通过"信用中国"门户和国家公共数据开放网站面向社会开放，加大守信联合激励和失信联合惩戒力度，推动社会征信市场发展，方便社会公众查阅。

（三）协同共建纵横联动业务系统

紧密围绕"十三五"经济社会发展的重大任务，聚焦深化"放管服"改革的主要需求，按照统一标准规范、统一信息资源目录、统一协同汇聚平台和多个业务系统的工程架构，推动各部门联合构建充分共享、协同治理、界限清晰、分工有序的大系统工程。

1. 党的执政能力信息化工程

建设目标：围绕党中央总揽全局、统筹各方、决策指挥和日常运转的需求，构建覆盖党中央各部门核心业务的应用系统，支撑党的执政资源配置优化和全面从严治党，提高党科学执政、民主执政、依法执政的能力和水平。

建设内容：建设和完善覆盖党中央各部门的核心业务系统，整合构建党中央决策部署贯彻落实综合协调与保障信息化平台，形成"抓落实"的信息化合力。加强党委信息资源的按需汇聚，推动政府部门相关信息与党中央各部门的数据共享，支撑党的执政资源配置优化和全面从严治党，提高党的执政能力。深化全国纪检监察信息系统工程应用，建设完善监督执纪问责信息平台，整合信息资源，加强大数据分析利用，提高执纪审查、内部监督等能力，为深入推进党风廉政建设和反腐败工作提供科技支撑。建设全国干部（公务员）管理信息系统，支撑对各级干部教育培养、选拔任用、考核评价、管理监督、离退休管理和公务员管理中进、管、出各环节的业务管理需要。围绕统一战线、党际外交、网络安全和信息化统筹协调、舆论宣传、机构编制、群团工作、中央和国家机关党建、电子文件管理等重点业务。开展以党委系统大数据治理与服务模式创新为重点的信息系统建设，为提升党的执政能力、推进国家治理体系和治理能力现代化提供有力支撑。

2. 民主法治信息化工程

建设目标：围绕"法治中国"建设，优化人大立法和监督的信息保障，强化政协参政议政的信息机制，提高审判、检察和刑罚执行业务信息化水平，全面增强支撑民主法治建设的信息能力。

建设内容：以提高人大依法履职水平为核心，围绕人大及其常委会立法、监督、代表、外事等重点工作，加强人大业务系统建设，为充分发挥人民代表大会根本政治制度提供有关支撑。针对经济社会发展的重大决策，完善政协业务系统和信息资源库，提高政治协商和民主监督的信息能力。加强国家法律法规信息库建设，提升立法信息保障及业务信息化水平。深化电子检务、天平工程、金盾工程等现有业务系统应用，构建以案件为主线的公安机关、检察机关、审判机关、司法行政机关各司其职的行为留痕机制，依法实现过程透明，强化侦查权、检察权、审判权、执行权相互配合和制约的信息能力，全面提高司法公信和司法公正水平。

3. 综合调控信息化工程

建设目标：立足创新和完善宏观调控，通过综合调控治理体系工程建设，促进宏观调控、产业发展、区域经济、社会发展、生态环保等领域协同治理，加强宏观、中观、微观政策衔接配套，做好战略、规划、产业和区域政策、资源环境约束的承接落实，显著提升经济发展综合调控治理能力。

建设内容：建立综合调控信息资源目录体系，建设宏观调控管理信息平台，依托平台推进综合调控协同治理和信息共享；围绕稳增长、促改革、调结构、转方式任务及"一带一路"、长江经济带、京津冀一体化、中国制造"2025"等重大战略，完善监测统计指标体系，加强专题信息资源建设和大数据应用。建设和完善生态安全、环境保护、三农发展、能源安全、科技创新、粮食安全、节能降耗、自然资源管理、城乡规划等专项系统，加强审批监管、价格监管、国资监管、金税、金财、金土、金水、金审等业务领域的深化应用和数据共享。

4. 市场监管信息化工程

建设目标：建成跨部门、跨层级市场监管与服务体系工程，实现工商、税务、质检、商务等部门监管与服务政务行为的协同联动，提高商事服务便捷化程度，促进更加健全有效的市场机制的形成。

建设内容：立足健全市场机制、推进商事制度改革，建立市场监管与服务信息资源目录体系，建设完善全国信用信息共享平台，逐步与各部门、各地区信用信息系统及平台实现互联互通，整合金融、工商、税收缴纳、交通管理、安全生产、质量提升、环境保护、商务流通、文化市场、科研、统计等领域的信用信息；围绕推进"双随机、一公开"监管、国际贸易"单一窗口"、"双创"行动计划、产品质量追溯、通关一体化、科研成果转化等重点工作，建设和完善国家企业信用信息公示、"信用中国"网站公示、公共资源交易服务、重要产品安全监管与追溯、交通物流公共信息服务等专业系统，推进金税、金关、金质等重大工程的深化应用和数据共享，提高放管并重、宽进严管、事中事后监管能力，释放企业创新与市场竞争活力。

5. 公共服务信息化工程

建设目标：紧密围绕社会公众办事创业切身需求，构建形成公开透明、高效便捷、城乡统筹、公平可及的公共服务体系，有效化解"办证多、办事难"等突出问题，实现"让信息多跑路，让居民和企业少跑腿、好办事、不添堵"的目标，增强社会公众获得感、提高社会公众满意度。

建设内容：立足服务型政府建设，优化直接面向企业和群众服务项目的办事流程和服务标准，梳理形成统一规范的政务服务信息资源目录清单、政府权力清单和责任清单；全面推广"互联网+政务服务"，建设统一的国家政务服务平台，实现跨地区、跨部门、跨层级政务服务事项的统一汇聚、关联互通、数据交换、身份认证、共性基础服务支撑等功能，推动基于公民身份号码、法人和其他组织统一社会信用代码的电子证照信息实现跨部门、跨区域、跨行业共享互认，支持公民和企业办事的"一号"申请、"一窗"受理和"一网"通办，解决政务服务信息难以共享、业务难以协同、基础支撑不足等全局性问题；深化现有政务服务系统应用，着力强化精准扶贫、医疗健康、社会保障、社会救助、创新创业、公共文化服务、法律服务等工作的信息化水平，推进政务服务向街道社区和村镇延伸，满足守住底线、保障基本民生的需求；推进网上信访建设，促进矛盾纠纷排查化解；依托国家政务服务平台，整合汇聚各地区、各部门政务服务事项与服务资源，推动政府权力全流程网上运行和监督，逐步形成一站式服务能力。

6. 公共安全信息化工程

建设目标：通过对自然灾害、事故灾难、公共卫生、社会安全等重点安全领域的源头性、基础性信息资源的优化整合和业务关联共治，提高常态下安全管理创新、风险隐患预防化解和非常态下的快速应急处置能力。

建设内容：立足建设"平安中国"，建立健全社会公共安全治理信息资源目录体系和应急预案体系，进一步建设完善国家应急平台体系；充分利用云计算、大数据、物联网、移动互联、遥感遥测、视频监控、导航定位、社交媒体等技术，建设完善安全生产监管、公共安全基础综合服务管理、自然灾害监测预警、环境事故应急处置、公共卫生与传染病防控、应急物资保障等系统；以国家应急平台体系为数据汇聚和业务协同节点，按照平战结合思路，加强部门间的协调联动和信息共享，提高严格执法、预防为主、快速响应、有效处置的能力，加强舆情引导，切实增强社会公共安全保障水平，实现全程管理、跨区协同和社会共治。

四、保障措施

（一）统筹政务信息化工程建设

充分依托国家电子政务统筹协调机制、促进大数据发展部际联席会议制度等工作机制，强化政务信息化工程建设的统筹管理。落实《政务信息资源共享管理暂行办法》（国发〔2016〕51号），制定政务信息资源目录清单，开展政务信息资源大普查，加强政务信息资源的国家统筹管理，推动部门间信息共享和公共数据开放。加强牵头部门对跨部门工程建设的组织协调，提出协同共享关键指标。落实部门一把手责任制，建立健全部门内部工程统筹、业务衔接、资源共享、运行保障的一体化工作机制。形成国家统筹、部际协调、部门统一的政务信息化工作局面。

（二）强化工程全生命周期管理

修订完善《国家电子政务工程建设项目管理办法》，加强规划约束，简化审批流程。建立工程项目全口径备案制度，统一政务信息化工程审批原则，加强建设和运维资金管理的衔接。对于列入本规划的小规模工程项目，直接审批建设方案。落实工程项目全过程监管和考核评估工作，严格绩效管理。工程建设部门要加强资金管理和项目管理，自觉接受财政、审计、纪检监察等部门的监督，提高财政资金使用效益，促进廉政建设。严格工程项目验收及后评价，加强责任追究。推进信息惠民、新型智慧城市、各地政务信息化建设与本规划的衔接。

（三）推进公共基础设施统筹

全面加快统一的国家电子政务网络、国家政务数据中心、国家数据共享交换枢纽及国家公共数据开放网站等国家关键基础设施建设，尽快形成专业化服务交付能力，满足系统部署、互联互通、容灾备份及部门私有云部署等需求。原则上不再审批各部门分散独立、运行低效的基础设施项目。各相关管理部门加快研究制定政务云服务平台外包服务要求、服务标准、服务提供商名录及相关管理制度。各部门重点深化业务应用、强化数据分析，做好对自身计算、存储、机房等存量资源的整合利用。

（四）完善政务信息化发展环境

充分发挥市场主体的资金、技术、人才优势，提高工程咨询设计、项目建设、新技术利用、运维服务等工作的专业化水平。建立政务信息化领域企业的诚信档案，强化信用约束，形成充分竞争、优胜劣汰的市场机制，以政务信息化建设促进网络信息技术自主创新，全面推进党政机关电子公文系统安全可靠应用。开展政务信息化标准规范体系建设和实施，以标准先行促进技术融合、业务融合、数据融合，推动系统互联、业务协同、信息共享、集约建设等工作。推动政务信息共享等相关立法工作。加强政务信息化人才队伍培养。依托专业研究机构，开展新技术应用、新模式创新等重大问题前瞻研究。探索公众参与重大工程需求征集、重大公共服务工程实际运行成效公众监督和满意度调查等。

(五) 筑牢网络信息安全防线

认真贯彻落实党中央、国务院关于构建网络强国的工作部署，坚持底线思维，严格落实等级保护和分级保护制度。建立健全政务信息化工程全过程信息安全监督机制，明确安全责任边界，落实网络安全工作责任制，形成跨部门、跨地区条块融合的安全保障工作联动机制。加强关键软硬件产品自主研制与安全审查，建立健全云计算服务、数据中心托管、大数据分析与存储等方面的企业准入制度。全面推进安全可靠产品及国产密码应用，提高自主保障能力，切实保障政务信息系统的安全可靠运行。

开展基层政务公开标准化规范化试点工作方案

国务院办公厅关于印发

开展基层政务公开标准化规范化试点工作方案的通知

国办发〔2017〕42号

各省、自治区、直辖市人民政府，国务院各部委、各直属机构：

《开展基层政务公开标准化规范化试点工作方案》已经国务院同意，现印发给你们，请认真贯彻落实。

国务院办公厅

2017年5月9日

推进决策、执行、管理、服务、结果公开（以下统称"五公开"）是党的十八届四中全会部署的重要改革任务。开展基层政务公开标准化规范化试点，是推进"五公开"工作的具体举措，对于深化基层政务公开，提高行政效能，加快建设法治政府、服务型政府，具有重要意义。根据党中央、国务院的部署和要求，现就开展基层政务公开标准化规范化试点工作，制定以下方案。

一、总体要求

（一）指导思想。全面贯彻党的十八大和十八届三中、四中、五中、六中全会精神，深入贯彻习近平总书记系列重要讲话精神和治国理政新理念新思想新战略，坚持以人民为中心的发展思想，认真落实党中央、国务院关于全面推进政务公开的决策部署，围绕权力运行全流程、政务服务全过程，立足试点探索，紧密联系实际，积极推进基层政务公开标准化规范化，全面提升基层政务公开和政务服务水平。

（二）基本原则。

坚持需求导向。围绕与群众关系密切的行政行为和服务事项，充分听取群众意见，按照"应公开、尽公开"要求全面梳理公开事项，细化公开内容，进一步提高基层政务公开的针对性、实效性。

注重重点突破。按照"先试点、后推开"的工作思路，以涉及群众利益、社会普遍关注的领域和服务事项为重点，选取部分县（市、区）先行试点、总结经验，以点带面，逐步扩大到基层政府的所有政务领域和服务事项。

强化标准引领。基于政务公开的基本要求，探索建立全国统一的政务公开标准体系，并根据实际情况定期调整和更新，推进政务公开与政务服务标准化有机融合。

适应基层特点。立足基层政府直接联系服务群众的实际，结合各部门各行业特点，积极探索高效、便捷的公开方式，及时、准确公开影响群众权利义务的行政行为和服务事项，让群众看得到、听得懂、易获取、能监督、好参与。

（三）工作目标。2018 年底前，总结试点经验做法，形成可复制、可推广、可考核的基层政务公开标准和规范，为在全国全面推行奠定基础。

二、试点范围

根据各地区实际情况和政务公开工作基础，确定在北京市、安徽省、陕西省等 15 个省（区、市）的 100 个县（市、区）（以下称试点单位），重点围绕城乡规划、重大建设项目、公共资源交易、财政预决算、安全生产、税收管理、征地补偿、拆迁安置、保障性住房、农村危房改造、环境保护、公共文化服务、公共法律服务、扶贫救灾、食品药品监管、城市综合执法、就业创业、社会保险、社会救助、养老服务、户籍管理、涉农补贴、义务教育、医疗卫生、市政服务等方面开展试点工作（《试点单位及试点内容表》附后）。承担试点任务的省（区、市）在做好试点工作的同时，可以结合实际适当增加试点内容。

未纳入试点的其他省（区、市），可参照本方案自行组织开展试点工作。

三、重点任务

承担试点任务的省（区、市）人民政府要按本方案确定的试点范围认真组织实施，重点做好以下工作：

（一）梳理政务公开事项。要组织试点单位对试点范围涉及的公开事项，依据权责清单和公共服务事项进行全面梳理，并按条目方式逐项细化分类，确保公开事项分类科学、名称规范、指向明确。

（二）编制政务公开事项标准。在全面梳理细化基础上，逐项确定每个具体事项的公开标准，至少应包括公开事项的名称、依据以及应公开的内容、主体、时限、方式等要素，汇总编制政务公开事项标准目录，并实行动态调整。

（三）规范政务公开工作流程。在编制政务公开事项标准的同时，按照转变政府职能和推进"五公开"的要求，全面梳理和优化政务公开工作流程，健全工作机制，推动发布、解读、回应有序衔接，实现决策、执行、管理、服务、结果全过程公开。

（四）完善政务公开方式。按照政府网站建设管理的有关要求，加快推进政务公开平台标准化规范化，加强政府网站内容建设和管理，发挥政府网站信息公开第一平台作用。根据基层实际情况，综合利用政务新媒体、广播、电视、报纸、公示栏等平台和办事大厅、便民服务窗口等场所，多渠道发布政务信息，方便公众查询或获取。

四、工作进度

（一）制定实施方案。试点工作启动后，承担试点任务的省（区、市）人民政府要结合实际抓紧制定具体实施方案，细化任务措施，于2017年8月底前报送国务院办公厅备案。

（二）组织开展试点。承担试点任务的省（区、市）人民政府要组织指导试点单位围绕试点范围，有力有序开展试点。试点时间为期一年，2018年8月底前完成试点各项任务。

（三）组织试点验收。承担试点任务的省（区、市）人民政府要于2018年9月底前，对本地区试点总体情况、主要做法和成效、存在的问题及建议等进行总结，形成试点工作总体报告，报送国务院办公厅。

五、保障措施

（一）加强组织领导。承担试点任务的省（区、市）人民政府要高度重视，按照本方案确定的原则目标、试点内容和工作进度，精心组织实施，加强经费保障；各级政务公开领导小组要发挥统筹协调作用，及时研究解决试点工作中的困难和问题，确保试点工作顺利开展、取得实效；试点单位要进一步强化机构和人员保障，确保有专人负责推进试点相关工作。国务院有关部门要抓紧编制完成本部门本系统主动公开事项基本目录，同时对试点工作提供必要的指导和支持。国务院标准化主管部门要配合做好试点工作跟踪评估、参与制定政务公开相关标准等工作。

（二）鼓励探索创新。试点单位要充分认识试点工作的重要意义，在省（区、市）人民政府的组织领导下，结合实际开展试点，积极探索，创新工作机制和方式方法，深入推进"五公开"和政策解读、回应关切、公众参与等工作的标准化规范化。要通过开展社会评价或者第三方评估，广泛收集公众对试点工作及成效的评价意见，持续改进工作，不断提升公众满意度和获得感。

（三）加强工作交流。承担试点任务的省（区、市）人民政府要在政府网站首页开设试点工作专题，集中展示本地区各试点单位的试点工作情况，并采取多种方式加强交流，促进相互学习借鉴。国务院办公厅将跟踪了解试点工作进展情况，适时对试点单位的经验做法组织交流。

（四）做好考核评估。承担试点任务的省（区、市）人民政府要建立激励机制，加强督促检查，把试点任务纳入政务公开工作绩效考核。国务院办公厅将对试点工作进行总结评估，提出在全国基层政府推广的意见，并对试点工作成效突出的地方给予通报表扬。

附件：试点单位及试点内容表（略）

国务院关于加强政务诚信建设的指导意见

国发〔2016〕76号

各省、自治区、直辖市人民政府，国务院各部委、各直属机构：

为加强政务诚信建设，充分发挥政府在社会信用体系建设中的表率作用，进一步提升政府公信力，推进国家治理体系和治理能力现代化，现提出以下意见。

一、重要意义

加强政务诚信建设，是落实"四个全面"战略布局的关键环节，是深化简政放权、放管结合、优化服务改革和加快转变政府职能、提高政府效能的必然要求，是社会信用体系建设的重要组成部分，对于进一步提升政府公信力、引领其他领域信用建设、弘扬诚信文化、培育诚信社会具有重要而紧迫的现实意义。深入开展政务诚信建设，有利于建立健全以信用为核心的新型市场监管机制，推进供给侧结构性改革，有利于建立一支守法守信、高效廉洁的公务员队伍，树立政府公开、公正、诚信、清廉的良好形象，有利于营造风清气正的社会风气，培育良好经济社会发展环境。

二、总体要求

（一）指导思想。全面贯彻落实党的十八大和十八届三中、四中、五中、六中全会精神，深入贯彻习近平总书记系列重要讲话精神，按照党中央、国务院决策部署，将坚持依法行政、阳光行政和加强监督作为推进政务诚信建设的重要手段，将建立政务领域失信记录和实施失信惩戒措施作为推进政务诚信建设的主要方面，将危害群众利益、损害市场公平交易等政务失信行为作为治理重点，循序渐进，不断提升公务员诚信履职意识和各级人民政府诚信行政水平。

（二）基本原则。

一是坚持依法行政。各级人民政府和公务员要始终坚持依法治国、依法行政，切实履行法定职责必须为、法无授权不可为的要求。健全依法决策机制，将公众参与、专家论证、风险评估、合法性审查、合规性审核、集体讨论决定等作为重大决策的必经程序。要按照权力和责任清单制度要求，切实做到依法决策、依法执行和依法监督。

二是坚持政务公开。推进阳光行政，坚持"以公开为常态，不公开为例外"原则，在保护国家信息安全、国家秘密、商业秘密和个人隐私的前提下，通过各地区各部门政府网站、政务微博微信、政务客户端等途径依法公开政务信息，加快推进决策、执行、管理、服务和结果全过程公开，让权力在阳光下运行。制定法律法规、规章和规范性文件要广泛征求社会意见。严格依法依规开展招商引资、政府采购、招标投标等工作，充分体现公开、公平、公正。

三是坚持勤政高效。进一步优化行政流程，继续清理、削减和调整行政审批事项，推行网上服务、并联服务和服务质量公开承诺等措施，不断提高行政效率和水平。

四是坚持守信践诺。将公平正义作为政务诚信的基本准则，在行政管理和公共服务的各领域贯彻公平正义原则。各级人民政府和公务员要清正廉洁，恪尽职守，敢于担当。要建立健全守信践诺机制，准确记录并客观评价各级人民政府和公务员对职权范围内行政事项以及行政服务质量承诺、期限承诺和保障承诺的履行情况。各级人民政府在债务融资、政府采购、招标投标等市场交易领域应诚实守信，严格履行各项约定义务，为全社会作出表率。

五是坚持失信惩戒。加大对各级人民政府和公务员失信行为的惩处和曝光力度，追究责任，惩戒到人。对社会关注度高、人民群众反映强烈的政务失信易发多发领域进行重点治理。建立健全各级人民政府和公务员政务失信记录机制。加强社会各方对政务诚信的评价监督，形成多方监督的信用约束体系。对公务员在行政过程中懒政怠政，不遵守法律法规和相关制度，以权谋私、失职渎职等行为，特别是严重危害群众利益、有失公平公正、交易违约等行为，要加大查处力度，营造既"亲"又"清"的新型政商关系。

三、探索构建广泛有效的政务诚信监督体系

（一）建立政务诚信专项督导机制。上级人民政府要定期对下级人民政府进行政务诚信监督检查，实施政务诚信考核评价，考评结果作为对下级人民政府绩效考核的重要参考。

（二）建立横向政务诚信监督机制。各级人民政府要依法接受同级人大及其常委会的监督，接受人民政协的民主监督，将办理和落实人大代表建议、政协委员提案的情况作为政务诚信建设的重要考量因素。

（三）建立社会监督和第三方机构评估机制。发挥社会舆论监督作用，畅通民意诉求渠道，对政务失信行为进行投诉举报。实施区域政务诚信大数据监测预警。支持信用服务机构、高校及科研院所等第三方机构对各地区各部门开展政务诚信评价评级并及时公布结果,加强社会监督。

四、建立健全政务信用管理体系

(一)加强公务员诚信教育。以社会主义核心价值观为引领,深入开展公务员诚信、守法和道德教育,编制公务员诚信手册,将信用建设纳入公务员培训和领导干部进修课程,加强公务员信用知识学习,提升公务员信用意识。

(二)建立健全政务失信记录。将各级人民政府和公务员在履职过程中,因违法违规、失信违约被司法判决、行政处罚、纪律处分、问责处理等信息纳入政务失信记录。由各级社会信用体系建设牵头部门负责政务失信记录的采集和公开,将有关记录逐级归集至全国信用信息共享平台和各地方信用信息共享平台。同时,依托"信用中国"网站等依法依规逐步公开各级人民政府和公务员政务失信记录。

(三)健全守信激励与失信惩戒机制。各级人民政府存在政务失信记录的,要根据失信行为对经济社会发展造成的损失情况和社会影响程度,对具体失信情况书面说明原因并限期加以整改,依规取消相关政府部门参加各类荣誉评选资格,予以公开通报批评,对造成政务失信行为的主要负责人依法依规追究责任。社会信用体系建设部际联席会议有关成员单位联合开展区域政务诚信状况评价,在改革试点、项目投资、社会管理等政策领域和绩效考核中应用政务诚信评价结果。对存在政务失信记录的公务员,按照相关规定采取限制评优评先等处理措施。

(四)健全信用权益保护和信用修复机制。完善政务信用信息保护机制,按照法律法规规定采集各级人民政府和公务员政务失信记录。建立健全信用信息异议、投诉制度，探索扩展公务员失信记录信用修复渠道和方式。建立自我纠错、主动自新的关爱机制，公务员在政务失信行为发生后主动挽回损失、消除不良影响或者有效阻止危害结果发生的，可从轻或免于实施失信惩戒措施。

五、加强重点领域政务诚信建设

（一）加强政府采购领域政务诚信建设。完善政府采购诚信体系，建立政府采购方面的政务诚信责任制，加强对采购人在项目履约验收环节信用情况的监督，依法处理采购人及有关责任人在政府采购活动中的违法违规失信行为。完善政府采购管理交易系统，提高政府采购活动透明度。

（二）加强政府和社会资本合作领域政务诚信建设。强化政府有关部门责任，建立政府和社会资本合作失信违约记录。明确政府和社会资本合作项目政府方责任人及其在项目筹备、招标投标、政府采购、融资、实施等阶段的诚信职责，建立项目责任回溯机制，将项目守信履约情况与实施成效纳入项目政府方责任人信用记录。

（三）加强招标投标领域政务诚信建设。建立招标投标信用评价指标和评价标准体系，探索推广和应用第三方信用报告制度。健全招标投标信用信息公开和共享制度，提高政务信息透明度，及时向社会公开各级人民政府掌握的有关招标代理机构资质信息、信用信息及动态监管信息等。

（四）加强招商引资领域政务诚信建设。完善招商引资地方性法规规章等，严格依法依规出台优惠政策，避免恶性竞争。规范地方人民政府招商引资行为，认真履行依法作出的政策承诺和签订的各类合同、协议，不得以政府换届、相关责任人更替等理由毁约。因国家利益、公共利益或其他法定事由需要改变政府承诺和合同约定的，要严格依照法定权限和程序进行，并对相关企业和投资人的财产损失依法予以补偿。

（五）加强地方政府债务领域政务诚信建设。建立地方人民政府信用评级制度，促进政府举债依法依规、规模适度、风险可控和程序透明。强化地方政府债务预算约束，健全地方政府债务监管体系，建立地方政府债务风险评估和预警机制、应急处置机制以及责任追究机制。

（六）加强街道和乡镇政务诚信建设。建立街道和乡镇公开承诺制度，加大街道和乡镇政务、财务等公开力度，确保就业、物业、就学、计生、养老、助残、扶贫、医保、住房、出行、停车、防火防盗、拥军优属、便民服务等公共服务和优惠政策有效落实到社会公众，并将各项工作守信践诺情况纳入街道和乡镇绩效考核体系。鼓励有条件的地区开展诚信街道和诚信乡镇创建活动。

六、健全保障措施

（一）加强组织领导和工作协调。各地区各部门要切实加强对政务诚信建设工作的组织领导，按照职责分工，研究出台工作方案和实施办法，做好本地区本部门政务诚信建设工作。充分发挥社会信用体系建设部际联席会议作用，协调解决政务诚信建设中的重大问题，研究确定并推进政务诚信建设的各项措施，加强各地区各部门协作配合。

（二）加快法规制度建设。逐步建立和完善政务诚信建设法规规范。鼓励有条件的地方出台政务诚信建设地方性法规。加快推进政务诚信管理制度建设，加强政务公开、行政审批制度改革、政府守信践诺机制、公务员诚信、政务诚信评价办法等制度建设。

各地区各部门要加强领导，高度重视，狠抓落实，以政务诚信引领社会诚信，结合实际切实有效开展相关工作。国家发展改革委会同有关部门负责对本意见落实工作的统筹协调、跟踪了解、督促检查，确保各项工作平稳有序推进。

国务院

2016 年 12 月 22 日

国务院办公厅关于推进公共资源
配置领域政府信息公开的意见

国办发〔2017〕97号

各省、自治区、直辖市人民政府，国务院各部委、各直属机构：

按照党中央、国务院决策部署和《中共中央办公厅 国务院办公厅印发〈关于全面推进政务公开工作的意见〉的通知》等文件要求，为进一步推进公共资源配置领域政府信息公开，经国务院同意，现提出如下意见。

一、指导思想

全面贯彻党的十九大精神，坚持以习近平新时代中国特色社会主义思想为指导，统筹推进"五位一体"总体布局和协调推进"四个全面"战略布局，牢固树立和贯彻落实创新、协调、绿色、开放、共享的发展理念，不断推进国家治理体系和治理能力现代化，按照党中央、国务院关于全面推进政务公开工作的重要部署要求，推进公共资源配置决策、执行、管理、服务、结果公开，扩大公众监督，增强公开实效，努力实现公共资源配置全流程透明化，不断提高公共资源使用效益，维护企业和群众合法权益，为稳增长、促改革、调结构、惠民生、防风险作出贡献，促进经济社会持续健康发展。

二、主要任务

本意见所称公共资源配置，主要包括保障性安居工程建设、保障性住房分配、国有土地使用权和矿业权出让、政府采购、国有产权交易、工程建设项目招标投标等社会关注度高，具有公有性、公益性，对经济社会发展、民生改善有直接、广泛和重要影响的公共资源分配事项。各地区、各部门要根据区域、行业特点，进一步明确本地区、本行业公共资源配置信息公开范围，细化公开事项、内容、时限、方式、责任主体、监督渠道等，纳入主动公开目录清单。

（一）突出公开重点。

1. 住房保障领域。在项目建设方面，主要公开城镇保障性安居工程规划建设方案、年度建设计划信息（包括建设计划任务量、计划项目信息、计划户型）、建设计划完成情况信息（包括计划任务完成进度、已开工项目基本信息、已竣工项目基本信息、配套设施建设情况）、农村危房改造相关政策措施执行情况信息（包括农村危房改造政策、对象认定过程、补助资金分配、改造结果）；在住房分配方面，主要公开保障性住房分配政策、分配对象、分配房源、分配程序、分配过程、分配结果等信息。

2. 国有土地使用权出让领域。主要公开土地供应计划、出让公告、成交公示、供应结果等信息。

3. 矿业权出让领域。主要公开出让公告公示、审批结果信息、项目信息等信息。

4. 政府采购领域。主要公开采购项目公告、采购文件、采购项目预算金额、采购结果、采购合同等采购项目信息，财政部门作出的投诉和监督检查等处理决定、对集中采购机构的考核结果，违法失信行为记录等监督处罚信息。

5. 国有产权交易领域。除涉及商业秘密外，主要公开产权交易决策及批准信息、交易项目信息、转让价格、交易价格、相关中介机构审计结果等信息。

6. 工程建设项目招标投标领域。主要公开依法必须招标项目的审批核准备案信息、市场主体信用等信息。除涉及国家秘密、商业秘密外，招标公告（包括招标条件、项目概况与招标范围、投标人资格要求、招标文件获取、投标文件递交等）、中标候选人（包括中标候选人排序、名称、投标报价、工期、评标情况、项目负责人、个人业绩、有关证书及编号、中标候选人在投标文件中填报的资格能力条件、提出异议的渠道和方式等）、中标结果、合同订立及履行等信息都应向社会公布。

（二）明确公开主体。

按照"谁批准、谁公开，谁实施、谁公开，谁制作、谁公开"的原则，公共资源配置涉及行政审批的批准结果信息由审批部门负责公开；公共资源项目基本信息、配置（交易）过程信息、中标（成交）信息、合同履约信息由管理或实施公共资源配置的国家机关、企事业单位按照掌握信息的情况分别公开。此外，探索建立公共资源配置"黑名单"制度，逐步把骗取公共资源等不良行为的信息纳入"黑名单"，相关信息由负责管理的部门分别公开。

（三）拓宽公开渠道。

充分发挥政府网站第一平台作用，及时发布公共资源配置领域各类信息，畅通依申请公开渠道。积极利用政务微博微信、新闻媒体、政务客户端等拓宽信息公开渠道，开展在线服务，提升用户体验。构建以全国公共资源交易平台为枢纽的公共资源交易数据共享平台体系，推动实现公共资源配置全流程透明化，各类依法应当公开的公共资源交易公告、资格审查结果、交易过程信息、成交信息、履约信息以及有关变更信息等在指定媒介发布后，要与相应的公共资源交易平台实现信息共享，并实时交互至全国公共资源交易平台汇总发布。公共资源配置领域的信用信息要同时交互至全国信用信息共享平台，并依托"信用中国"网站及时予以公开。要把公共资源交易平台与其他政务信息系统进行整合共享，实现公共资源配置信息与其他政务信息资源共享衔接。

（四）强化公开时效。

坚持以公开为常态、不公开为例外，公共资源配置过程中产生的政府信息，除涉及国家秘密、商业秘密等内容外，应依法及时予以公开。确定为主动公开的信息，除法律法规另有规定外，要严格按照《中华人民共和国政府信息公开条例》规定，自政府信息形成或变更之日起20个工作日内予以公开，行政许可、行政处罚事项应自作出行政决定之日起7个工作日内上网公开。对于政府信息公开申请，要严格按照法定时限和理由予以答复。

三、保障措施

（一）强化组织领导。

各级政府和有关部门要高度重视公共资源配置领域的政府信息公开工作，加强组织领导，狠抓任务落实，以此作为深化政务公开工作的有效抓手。各级政府要建立健全协调机制，明确分工，夯实责任，政府办公厅（室）作为组织协调部门，要会同发展改革、工业和信息化、财政、国土资源、环保、住房城乡建设、交通运输、水利、农业、商务、卫生计生、审计、国有资产监督管理、税务、林业、铁路、民航等部门以及公共资源交易相关监管机构，提出明确工作目标和具体工作安排，认真组织实施并做好政务舆情监测和回应，确保任务逐项得到落实。

（二）加强监督检查。

各级政府要定期对公共资源配置领域政府信息公开工作进行检查，主要包括政府信息公开情况、公开时效、交易平台掌握信息报送和公开情况等。各有关部门每年要将本领域工作进展情况报同级政务公开主管部门，并在政府信息公开年度报告中公布，接受社会公众、新闻媒体的监督。

（三）做好考核评估。

地方各级政府要按照政务公开工作绩效考核相关规定，把公共资源配置领域政府信息公开工作纳入政务公开工作绩效考核范围，加大考核力度，并探索引入第三方评估机制，推动工作有效开展。建立健全激励约束机制，对未按照相关规定和要求履行公开职责的，要通报批评，并在年度考核中予以体现；对工作成效突出的，给予通报表扬。

国务院办公厅

2017 年 12 月 19 日

国务院办公厅关于推进重大建设项目批准和实施领域政府信息公开的意见

国办发〔2017〕94号

各省、自治区、直辖市人民政府，国务院各部委、各直属机构：

按照党中央、国务院决策部署和《中共中央办公厅 国务院办公厅印发〈关于全面推进政务公开工作的意见〉的通知》等文件要求，为进一步推进重大建设项目批准和实施领域政府信息公开，经国务院同意，现提出以下意见。

一、总体要求

（一）指导思想。

全面贯彻党的十九大精神，坚持以习近平新时代中国特色社会主义思想为指导，统筹推进"五位一体"总体布局和协调推进"四个全面"战略布局，牢固树立和贯彻落实创新、协调、绿色、开放、共享的发展理念，按照党中央、国务院关于全面推进政务公开工作的重要部署要求，把重大建设项目批准和实施领域政府信息公开作为全面推进政务公开工作的重要内容，积极回应社会关切，更好保障人民群众知情权、参与权、表达权、监督权。

（二）基本原则。

以公开为常态、不公开为例外。除涉及国家秘密、商业秘密和个人隐私及其他依法不予公开的内容外，重大建设项目批准和实施过程中的信息要尽可能对外公开，以公开提升项目批准、实施的透明度和效率，保障人民群众合法权益。

突出重点，有序推进。以重大建设项目批准和实施过程中社会关注度高的信息为重点，以政府信息公开为先导，推动项目法人单位信息有效归集、及时公开。

明确主体，落实责任。重大建设项目批准和实施过程中，各级政府和有关部门负责公开其在履行职责过程中制作或保存的信息，并依法监督项目法人单位公开项目信息。法律、法规、规章未作出明确规定的，鼓励项目法人单位主动公开项目信息。

二、主要任务

本意见所称重大建设项目，是指按照有关规定由政府审批或核准的，对经济社会发展、民生改善有直接、广泛和重要影响的固定资产投资项目（不包括境外投资项目和对外援助项目）。各省（区、市）政府、国务院有关部门应当根据区域、行业特点和工作侧重点，进一步明确本地区、本领域重大建设项目范围。

（一）突出公开重点。

在重大建设项目批准和实施过程中，重点公开批准服务信息、批准结果信息、招标投标信息、征收土地信息、重大设计变更信息、施工有关信息、质量安全监督信息、竣工有关信息等8类信息。主要内容包括：

1. 批准服务信息：申报要求、申报材料清单、批准流程、办理时限、受理机构联系方式、监督举报方式等。

2. 批准结果信息：项目建议书审批结果、可行性研究报告审批结果、初步设计文件审批结果、项目核准结果、节能审查意见、建设项目选址意见审批结果、建设项目用地（用海）预审结果、环境影响评价审批文件、建设用地规划许可审批结果、建设工程规划类许可审批结果、施工许可（开工报告）审批结果、招标事项审批核准结果，取水许可、水土保持方案、洪水影响评价等涉水事项审批结果等。

3. 招标投标信息：资格预审公告、招标公告、中标候选人公示、中标结果公示、合同订立及履行情况、招标投标违法处罚信息等。

4. 征收土地信息：征地告知书以及履行征地报批前程序的相关证明材料、建设项目用地呈报说明书、农用地转用方案、补充耕地方案、征收土地方案、供地方案、征地批后实施中征地公告、征地补偿安置方案公告等。

5. 重大设计变更信息：项目设计变更原因、主要变更内容、变更依据、批准单位、变更结果等。

6. 施工有关信息：项目法人单位及其主要负责人信息，设计、施工、监理单位及其主要负责人、项目负责人信息、资质情况，施工单位项目管理机构设置、工作职责、主要管理制度，施工期环境保护措施落实情况等。

7. 质量安全监督信息：质量安全监督机构及其联系方式、质量安全行政处罚情况等。

8. 竣工有关信息：竣工验收时间、工程质量验收结果，竣工验收备案时间、备案编号、备案部门、交付使用时间，竣工决算审计单位、审计结论、财务决算金额等。

各省（区、市）政府、国务院有关部门应当参照以上内容，聚焦社会关注度高、与群众切身利益密切相关的项目，分别确定本地区、本部门相关领域信息公开重点，进一步细化公开事项、内容、时限、方式、责任主体、监督渠道等，纳入主动公开基本目录，不断加大公开力度。

（二）明确公开主体。

各级政府和有关部门要坚持以公开为常态、不公开为例外，严格按照《中华人民共和国政府信息公开条例》有关规定，公开所制作或保存的项目信息。要严格履行保密审查程序，做到该公开的信息坚决公开，该保守的国家秘密坚决保守住。批准服务信息、批准结果信息由批准重大建设项目和有关要件的各级政府和有关部门分别负责公开，招标投标信息由招标人或有关行政监督部门依法公开，征收土地信息由辖区政府和有关部门负责公开，重大设计变更信息由批准单位负责公开，施工有关信息、质量安全监督信息、竣工有关信息由制作或保存的部门按照职责分工分别负责公开。

（三）拓展公开渠道。

各级政府和有关部门要通过政府公报、政府网站、新媒体平台、新闻发布会等及时公开各类项目信息，并及时回应公众关切。充分利用全国投资项目在线审批监管平台、全国公共资源交易平台、"信用中国"网站等，推进重大建设项目批准和实施领域信息共享和公开。推动将重大建设项目批准和实施过程中产生的信用信息纳入全国信用信息共享平台，可向社会公开的，依法依规在各地区信用网站和"信用中国"网站公开。畅通依申请公开渠道，确保相关工作有序开展。项目法人单位可利用现场公示、网站公布等多种渠道对项目信息进行公开，方便公众查询和社会监督。

（四）强化公开时效。

重大建设项目批准和实施过程中产生的政府信息，确定为主动公开的，应严格按照《中华人民共和国政府信息公开条例》规定，自政府信息形成或变更之日起 20 个工作日内予以公开；确定为依申请公开的，应严格按照法定时限答复申请人；除法律法规另有规定外，行政许可、行政处罚事项应自作出行政决定之日起 7 个工作日内上网公开。法律、法规、规章对项目法人单位公开项目信息作出明确规定的，各级政府和有关部门要监督项目法人单位依法按时公开项目信息；法律、法规、规章未作出明确规定的，鼓励项目法人单位及时公开项目信息。

三、政策保障和组织实施

（一）加强组织领导。

各级政府和有关部门要高度重视并认真做好重大建设项目批准和实施领域的政府信息公开工作，以点带面、示范带动，以此作为深化政务公开工作的有力抓手。各级政府要建立健全协调机制，明确责任分工，各级政府办公厅（室）作为组织协调部门，要指导监督发展改革、工业和信息化、国土资源、环保、住房城乡建设、交通运输、水利、农业、卫生计生、林业等部门，提出明确工作目标和措施，认真组织实施；各省（区、市）政府要对本地区各级政府的政务公开工作进行督查、指导，确保各项任务落到实处。各有关部门要结合实际，制定本领域重大建设项目批准和实施领域政府信息公开的实施方案。

（二）加大考核力度。

各级政府和有关部门要把重大建设项目批准和实施领域政府信息公开工作作为政务公开工作绩效考核的重要内容，按照政务公开工作绩效考核相关规定，加大考核力度。对工作推动有力、取得明显成效的单位和个人，要按照规定予以表彰；对未按照相关规定和要求履行职责的，要通报批评，并在年度考核中予以体现。

（三）完善监管措施。

各级政府要定期对重大建设项目批准和实施领域信息公开工作进行检查，主要包括政府信息、项目法人信息的公开内容、公开渠道和公开时效等。各有关部门每年应将本部门工作进展情况报同级政务公开主管部门，并在政府信息公开工作年度报告中公布，接受社会公众、新闻媒体的监督。

国务院办公厅

2017 年 12 月 4 日

政务信息工作暂行办法

国务院办公厅关于印发《政务信息工作暂行办法》的通知
国办发〔1995〕53号

各省、自治区、直辖市人民政府，国务院各部委、各
直属机构：

多年来，全国政府系统的政务信息工作不断适应
改革开放和政府管理职能转变的需要，努力为各级政
府科学决策提供信息服务，取得了较好的成效。

在深化改革、扩大开放和建立社会主义市场经济
体制的新形势下，政务信息工作对于政府掌握情况、
科学决策和进行宏观调控等，具有重要作用。

各级政府及其部门的办公厅（室）是为政府领导
提供政务信息的主要渠道。为了切实做好政务信息工
作，并使之逐步规范化、制度化，现将《政务信息工
作暂行办法》发给你们，自1995年11月1日起施行。

国务院办公厅
1995年10月27日

第一章 总 则

第一条 为了适应建立社会主义市场经济体制和政府管理职能转变的需要，实现全国政府系统政务信息工作规范化、制度化，制定本办法。

第二条 政务信息工作是各级政府及其部门的办公厅（室）的一项重要工作，其主要任务是：反映政府工作及社会、经济发展中的重要情况，为政府把握全局、科学决策和实施领导提供及时、准确、全面的信息服务。

第三条 政务信息工作必须坚持党的基本路线，遵守宪法、法律、法规，坚持实事求是的原则。

第四条 政务信息工作坚持分层次服务，以为本级政府服务为重点，努力为上级和下级政府服务。

第五条 政务信息工作应当围绕政府的中心工作和社会、经济发展中的重点、难点、热点问题，反映在建立社会主义市场经济体制进程中出现的新情况。

第六条 各级政府及其部门应当加强对政务信息工作的领导，提出要求，交待任务，做好协调，支持和指导本级政府或者本部门的办公厅（室）发挥整体功能，做好政务信息工作。

第二章 政务信息机构

第七条 省、自治区、直辖市人民政府和国务院各部门的办公厅（室）应当稳定并完善负责政务信息工作的机构，加强对本地区或者本系统所属单位政务信息工作的指导。

第八条 负责政务信息工作的机构履行下列主要职责：

（一）依据党和国家的方针、政策，结合本地区、本部门的工作部署，研究制定政务信息工作计划，并组织实施；

（二）做好信息的采集、筛选、加工、传送、反馈和存储等日常工作；

（三）结合政府的中心工作和领导关心的问题，以及从信息中发现的重要问题，组织信息调研，提供有情况、有分析的专题信息；

（四）为政府实施信息引导服务；

（五）组织开展政务信息工作经验交流，了解和指导下级单位的政务信息工作；

（六）组织本地区、本部门政务信息工作人员的业务培训。

第九条 政务信息网络是政务信息工作的基础，信息联系点是政务信息网络的组成部分。各级政府及其部门应当根据本地区或者本部门的实际情况和需要，逐步建立和完善政务信息网络。

第三章 政务信息队伍

第十条 政务信息队伍由专职、兼职和特聘的政务信息工作人员组成。县级以上各级人民政府办公厅（室）应当配备专职政务信息工作人员。专职政务信息工作人员的人数由本级政府或者本部门的办公厅（室）根据工作需要在编制范围内确定。

第十一条 政务信息工作人员应当具备下列基本条件：

（一）努力学习马列主义、毛泽东思想和邓小平同志建设有中国特色社会主义的理论，热爱政务信息工作，有较强的事业心和责任感，作风正派，实事求是；

（二）熟悉党的路线、方针、政策，熟悉政府或者部门的主要业务工作；

（三）掌握政务信息工作的基本知识和工作技能，具备一定的经济、科技和法律等方面的基本知识；

（四）具有较强的综合分析能力、文字表达能力和组织协调能力；

（五）严格遵守党和国家的保密制度。

第四章　政务信息工作制度

第十二条　下级政府应当及时向上级政府报送信息。政府各部门应当及时向本级政府和上级部门报送信息。下级政府或者部门对上级政府或者部门专门要求报送的信息，必须严格按照要求报送。

第十三条　上级政府和部门的办公厅（室），应当适时向下级政府或者部门的办公厅（室）通报信息报送参考要点和采用情况。

第十四条　各级政府及其部门负责政务信息工作的机构根据需要组织相互之间的信息交流，在依法保守秘密的前提下，实现信息资源共享。

第十五条　下级政府或者部门负责政务信息工作的机构向上级政府或者部门负责政务信息工作的机构报送的信息，必须经本级政府或者本部门的办公厅（室）分管领导审核、签发；

必要时，报本级政府或者本部门分管领导审核、签发。

第十六条 对在政务信息工作中成绩突出的单位和个人，给予奖励。

第五章 政务信息质量

第十七条 政务信息应当符合下列要求：

（一）反映的事件应当真实可靠，有根有据。重大事件上报前，应当核实。

（二）信息中的事例、数字、单位应当力求准确。

（三）急事、要事和突发性事件应当迅速报送；必要时，应当连续报送。

（四）实事求是，有喜报喜，有忧报忧，防止以偏概全。

（五）主题鲜明，文题相符，言简意赅，力求用简炼的文字和有代表性的数据反映事物的概貌和发展趋势。

（六）反映本地区、本部门的新情况、新问题、新思路、新举措、新经验，应当有新意。

（七）反映情况和问题力求有一定的深度，透过事物的表象，揭示事物的本质和深层次问题，努力做到有情况、有分析、有预测、有建议，既有定性分析，又有定量分析。

（八）适应科学决策和领导需要。

第六章 政务信息工作手段

第十八条 各级政府及其部门应当加强政务信息工作现代

化手段的建设，保证政务信息工作的正常开展，实现信息迅速、准确、安全地处理、传递和存储。

第十九条　各级政府及其部门应当建立严格的网络设备管理、维护和值班制度，保持网络设备的正常运行和信息传输的畅通。

第二十条　省、自治区、直辖市人民政府和国务院各部门的办公厅（室）应当逐步建立电子数据资料库，收集、整理和存储本地区或者本系统的基本的和重要的数据资料，以适应随时调用和信息共享的需要。

第二十一条　省、自治区、直辖市人民政府和国务院有关部门的办公厅（室）应当管好、用好计算机远程工作站，严格遵守国家有关安全、保密的规定。

第七章　附　则

第二十二条　本办法由国务院办公厅秘书局负责解释，并根据施行情况适时修订。

第二十三条　本办法自 1995 年 11 月 1 日起施行。

政务信息资源共享管理暂行办法

国务院关于印发政务信息资源共享管理暂行办法的通知

国发〔2016〕51号

各省、自治区、直辖市人民政府，国务院各部委、各直属机构：

　　现将《政务信息资源共享管理暂行办法》印发给你们，请认真贯彻执行。

国务院

2016年9月5日

第一章 总 则

　　第一条 为加快推动政务信息系统互联和公共数据共享，增强政府公信力，提高行政效率，提升服务水平，充分发挥政务信息资源共享在深化改革、转变职能、创新管理中的重要作用，依据相关法律法规和《国务院关于印发促进大数据发展行动纲要的通知》（国发〔2015〕50号）等规定，制定本办法。

第二条 本办法所称政务信息资源，是指政务部门在履行职责过程中制作或获取的，以一定形式记录、保存的文件、资料、图表和数据等各类信息资源，包括政务部门直接或通过第三方依法采集的、依法授权管理的和因履行职责需要依托政务信息系统形成的信息资源等。

本办法所称政务部门，是指政府部门及法律法规授权具有行政职能的事业单位和社会组织。

第三条 本办法用于规范政务部门间政务信息资源共享工作，包括因履行职责需要使用其他政务部门政务信息资源和为其他政务部门提供政务信息资源的行为。

第四条 促进大数据发展部际联席会议（以下简称联席会议）负责组织、指导、协调和监督政务信息资源共享工作，指导和组织国务院各部门、各地方政府编制政务信息资源目录，组织编制国家政务信息资源目录，并指导国家数据共享交换平台建设、运行、管理单位开展国家政务信息资源目录的日常维护工作。

各政务部门按本办法规定负责本部门与数据共享交换平台（以下简称共享平台）的联通，并按照政务信息资源目录向共享平台提供共享的政务信息资源（以下简称共享信息），从共享平台获取并使用共享信息。

第五条 政务信息资源共享应遵循以下原则：

（一）以共享为原则，不共享为例外。各政务部门形成的政务信息资源原则上应予共享，涉及国家秘密和安全的，按相关法律法规执行。

（二）需求导向，无偿使用。因履行职责需要使用共享信息的部门（以下简称使用部门）提出明确的共享需求和信息使用用途，共享信息的产生和提供部门（以下统称提供部门）应及时响应并无偿提供共享服务。

（三）统一标准，统筹建设。按照国家政务信息资源相关标准进行政务信息资源的采集、存储、交换和共享工作，坚持"一数一源"、多元校核，统筹建设政务信息资源目录体系和共享交换体系。

（四）建立机制，保障安全。联席会议统筹建立政务信息资源共享管理机制和信息共享工作评价机制，各政务部门和共享平台管理单位应加强对共享信息采集、共享、使用全过程的身份鉴别、授权管理和安全保障，确保共享信息安全。

第六条 各政务部门应加强基于信息共享的业务流程再造和优化，创新社会管理和服务模式，提高信息化条件下社会治理能力和公共服务水平。

第二章 政务信息资源目录

第七条 国家发展改革委负责制定《政务信息资源目录编制指南》，明确政务信息资源的分类、责任方、格式、属性、更新时限、共享类型、共享方式、使用要求等内容。

第八条 各政务部门按照《政务信息资源目录编制指南》要求编制、维护部门政务信息资源目录，并在有关法律法规作出修订或行政管理职能发生变化之日起 15 个工作日内更新本部门政务信息资源目录。各地方政府按照《政务信息资源目录编制指南》要求编制、维护地方政务信息资源目录，并负责对本级各政务部门政务信息资源目录更新工作的监督考核。

国家发展改革委汇总形成国家政务信息资源目录，并建立目录更新机制。国家政务信息资源目录是实现国家政务信息资源共享和业务协同的基础，是政务部门间信息资源共享的依据。

第三章　政务信息资源分类与共享要求

第九条　政务信息资源按共享类型分为无条件共享、有条件共享、不予共享等三种类型。

可提供给所有政务部门共享使用的政务信息资源属于无条件共享类。

可提供给相关政务部门共享使用或仅能够部分提供给所有政务部门共享使用的政务信息资源属于有条件共享类。

不宜提供给其他政务部门共享使用的政务信息资源属于不予共享类。

第十条　政务信息资源共享及目录编制应遵循以下要求：

（一）凡列入不予共享类的政务信息资源，必须有法律、行政法规或党中央、国务院政策依据。

（二）人口信息、法人单位信息、自然资源和空间地理信息、电子证照信息等基础信息资源的基础信息项是政务部门履行职责的共同需要，必须依据整合共建原则，通过在各级共享平台上集中建设或通过接入共享平台实现基础数据统筹管理、及时更新，在部门间实现无条件共享。基础信息资源的业务信息项可按照分散和集中相结合的方式建设，通过各级共享平台予以共享。基础信息资源目录由基础信息资源库的牵头建设部门负责编制并维护。

（三）围绕经济社会发展的同一主题领域，由多部门共建项目形成的主题信息资源，如健康保障、社会保障、食品药品安全、安全生产、价格监管、能源安全、信用体系、城乡建设、社区治理、生态环保、应急维稳等，应通过各级共享平台予以共享。主题信息资源目录由主题信息资源牵头部门负责编制并维护。

第四章　共享信息的提供与使用

第十一条　国家发展改革委负责组织推动国家共享平台及全国共享平台体系建设。各地市级以上地方人民政府要明确政务信息资源共享主管部门，负责组织本级共享平台建设。共享平台是管理国家政务信息资源目录、支撑各政务部门开展政务信息资源共享交换的国家关键信息基础设施，包括共享平台（内网）和共享平台（外网）两部分。

共享平台（内网）应按照涉密信息系统分级保护要求，依托国家电子政务内网建设和管理；共享平台（外网）应按照国家网络安全相关制度和要求，依托国家电子政务外网建设和管理。

各政务部门业务信息系统原则上通过国家电子政务内网或国家电子政务外网承载，通过共享平台与其他政务部门共享交换数据。各政务部门应抓紧推进本部门业务信息系统向国家电子政务内网或国家电子政务外网迁移，并接入本地区共享平台。凡新建的需要跨部门共享信息的业务信息系统，必须通过各级共享平台实施信息共享，原有跨部门信息共享交换系统应逐步迁移到共享平台。

第十二条　使用部门应根据履行职责需要使用共享信息。属于无条件共享类的信息资源，使用部门在共享平台上直接获取；属于有条件共享类的信息资源，使用部门通过共享平台向提供部门提出申请，提供部门应在 10 个工作日内予以答复，使用部门按答复意见使用共享信息，对不予共享的，提供部门应说明理由；属于不予共享类的信息资源，以及有条件共享类中提供部门不予共享的信息资源，使用部门因履行职责确需使用的，由使用部门与提供部门协商解决，协商未果的由本级政务信息资源共享主管部门协调解决，涉及中央有关部门的由联席会议协调解决。

提供部门在向使用部门提供共享信息时，应明确信息的共享范围和使用用途（如，作为行政依据、工作参考，用于数据校核、业务协同等），原则上通过共享平台提供，鼓励采用系统对接、前置机共享、联机查询、部门批量下载等方式。

各政务部门应充分利用共享信息。凡属于共享平台可以获取的信息，各政务部门原则上不得要求自然人、法人或其他组织重复提交。

第十三条　按照"谁主管，谁提供，谁负责"的原则，提供部门应及时维护和更新信息，保障数据的完整性、准确性、时效性和可用性，确保所提供的共享信息与本部门所掌握信息的一致性。

第十四条　按照"谁经手，谁使用，谁管理，谁负责"的原则，使用部门应根据履行职责需要依法依规使用共享信息，并加强共享信息使用全过程管理。

使用部门对从共享平台获取的信息，只能按照明确的使用用途用于本部门履行职责需要，不得直接或以改变数据形式等方式提供给第三方，也不得用于或变相用于其他目的。

第十五条　建立疑义、错误信息快速校核机制，使用部门对获取的共享信息有疑义或发现有明显错误的，应及时反馈提供部门予以校核。校核期间，办理业务涉及自然人、法人或其他组织的，如已提供合法有效证明材料，受理单位应照常办理，不得拒绝、推诿或要求办事人办理信息更正手续。

第五章　信息共享工作的监督和保障

第十六条　联席会议负责政务信息资源共享的统筹协调，建立信息共享工作评价机制，督促检查政务信息资源共享工作落实情况。

第十七条　国家发展改革委、国家网信办组织编制信息共享工作评价办法，每年会同中央编办、财政部等部门，对各政务部门提供和使用共享信息情况进行评估，并公布评估报告和改进意见。

第十八条　国务院各部门、各省级人民政府和国家共享平台管理单位应于每年2月底前向联席会议报告上一年度政务信息资源共享情况，联席会议向国务院提交政务信息资源共享情况年度报告。

第十九条　国家标准委会同共享平台管理单位，在已有政务信息资源相关标准基础上，建立完善政务信息资源的目录分类、采集、共享交换、平台对接、网络安全保障等方面的标准，形成完善的政务信息资源共享标准体系。

第二十条　国家网信办负责组织建立政务信息资源共享网络安全管理制度，指导督促政务信息资源采集、共享、使用全过程的网络安全保障工作，指导推进政务信息资源共享风险评估和安全审查。

共享平台管理单位要加强共享平台安全防护，切实保障政务信息资源共享交换时的数据安全；提供部门和使用部门要加强政务信息资源采集、共享、使用时的安全保障工作，落实本部门对接系统的网络安全防护措施。

共享信息涉及国家秘密的，提供部门和使用部门应当遵守有关保密法律法规的规定，在信息共享工作中分别承担相关保障责任。

第二十一条　国家发展改革委、财政部、国家网信办建立国家政务信息化项目建设投资和运维经费协商机制，对政务部门落实政务信息资源共享要求和网络安全要求的情况进行联合考核，凡不符合政务信息资源共享要求的，不予审批建设项目，不予安排运维经费。

国家发展改革委负责在国家政务信息化建设规划制定、项目审批、投资计划安排、项目验收等环节进行考核。财政部负责在国家政务信息化建设项目预算下达、运维经费安排等环节进行考核。国家网信办负责在网络安全保障方面进行考核。

政务信息化项目立项申请前应预编形成项目信息资源目录，

作为项目审批要件。项目建成后应将项目信息资源目录纳入共享平台目录管理系统，作为项目验收要求。

政务信息资源共享相关项目建设资金纳入政府固定资产投资，政务信息资源共享相关工作经费纳入部门财政预算，并给予优先安排。

第二十二条　审计机关应依法履行职责，在国家大数据政策的贯彻落实、政务信息资源共享中发挥监督作用，保障专项资金使用的真实性、合法性和效益性，推动完善相关政策制度。

第二十三条　各政务部门应建立健全政务信息资源共享工作管理制度，明确目标、责任和实施机构。各政务部门主要负责人是本部门政务信息资源共享工作的第一责任人。

第二十四条　国务院各部门、各省级人民政府有下列情形之一的，由国家发展改革委通知整改；未在规定时限内完成整改的，国家发展改革委要及时将有关情况上报国务院：

（一）未按要求编制或更新政务信息资源目录；

（二）未向共享平台及时提供共享信息；

（三）向共享平台提供的数据和本部门所掌握信息不一致，未及时更新数据或提供的数据不符合有关规范、无法使用；

（四）将共享信息用于履行本单位职责需要以外的目的；

（五）违反本办法规定的其他行为。

第六章　附　则

第二十五条　本办法由国家发展改革委负责解释。

第二十六条　本办法自印发之日起施行。

附　录

政务信息系统整合共享实施方案

国务院办公厅

关于印发政务信息系统整合共享实施方案的通知

国办发〔2017〕39 号

各省、自治区、直辖市人民政府，国务院各部委、各
直属机构：

《政务信息系统整合共享实施方案》已经国务院同
意，现印发给你们，请认真贯彻执行。

国务院办公厅

2017 年 5 月 3 日

"十二五"以来，通过统筹国家政务信息化工程建设，实施
信息惠民工程等一系列举措，政务信息系统整合共享在局部取
得了积极成效，但未能从全局上和根本上解决长期以来困扰我
国政务信息化建设的"各自为政、条块分割、烟囱林立、信息
孤岛"问题。为更好推动政务信息系统整合共享，根据《国务

院关于印发政务信息资源共享管理暂行办法的通知》（国发〔2016〕51号）、《国务院关于印发"十三五"国家信息化规划的通知》（国发〔2016〕73号）等有关要求，制定本实施方案。

一、总体要求

（一）指导思想。

全面贯彻党的十八大和十八届三中、四中、五中、六中全会精神，深入贯彻习近平总书记系列重要讲话精神和治国理政新理念新思想新战略，认真落实党中央、国务院决策部署，紧紧围绕统筹推进"五位一体"总体布局和协调推进"四个全面"战略布局，牢固树立和贯彻落实创新、协调、绿色、开放、共享的发展理念，以人民为中心，紧紧围绕政府治理和公共服务的改革需要，以最大程度利企便民，让企业和群众少跑腿、好办事、不添堵为目标，加快推进政务信息系统整合共享，按照"内外联动、点面结合、上下协同"的工作思路，一方面着眼长远，做好顶层设计，促进"五个统一"，统筹谋划，锐意改革；另一方面立足当前，聚焦现实问题，抓好"十件大事"，重点突破，尽快见效。

（二）基本原则。

按照"五个统一"的总体原则，有效推进政务信息系统整合共享，切实避免各自为政、自成体系、重复投资、重复建设。

1. 统一工程规划。围绕落实国家政务信息化工程相关规划，建设"大平台、大数据、大系统"，形成覆盖全国、统筹利用、统一接入的数据共享大平台，建立物理分散、逻辑集中、资源共享、政企互联的政务信息资源大数据，构建深度应用、上下联动、纵横协管的协同治理大系统。

2. 统一标准规范。注重数据和通用业务标准的统一，开展国家政务信息化总体标准研制与应用，促进跨地区、跨部门、跨层级数据互认共享。建立动态更新的政务信息资源目录体系，确保政务信息有序开放、共享、使用。

3. 统一备案管理。实施政务信息系统建设和运维备案制，推动政务信息化建设和运维经费审批在同级政府政务信息共享主管部门的全口径备案。

4. 统一审计监督。开展常态化的政务信息系统和政务信息共享审计，加强对政务信息系统整合共享成效的监督检查。

5. 统一评价体系。研究提出政务信息共享评价指标体系，建立政务信息共享评价与行政问责、部门职能、建设经费、运维经费约束联动的管理机制。

（三）工作目标。

2017 年 12 月底前，整合一批、清理一批、规范一批，基本完成国务院部门内部政务信息系统整合清理工作，初步建立全国政务信息资源目录体系，政务信息系统整合共享在一些重要领域取得显著成效，一些涉及面宽、应用广泛、有关联需求的重要政务信息系统实现互联互通。2018 年 6 月底前，实现国务院各部门整合后的政务信息系统接入国家数据共享交换平台，各地区结合实际统筹推进本地区政务信息系统整合共享工作，初步实现国务院部门和地方政府信息系统互联互通。完善项目建设运维统一备案制度，加强信息共享审计、监督和评价，推动政务信息化建设模式优化，政务数据共享和开放在重点领域取得突破性进展。

纳入整合共享范畴的政务信息系统包括由政府投资建设、

政府与社会企业联合建设、政府向社会购买服务或需要政府资金运行维护的，用于支撑政府业务应用的各类信息系统。

二、加快推进政务信息系统整合共享的"十件大事"

（一）"审""清"结合，加快消除"僵尸"信息系统。结合 2016 年国务院第三次大督查、2015 年审计署专项审计的工作成果，组织开展政务信息系统整合共享专项督查，全面摸清各部门政务信息系统情况。2017 年 6 月底前，通过信息系统审计，掌握各部门信息系统数量、名称、功能、使用范围、使用频度、审批部门、审批时间、经费来源等（审计署牵头，国务院各有关部门配合）。2017 年 10 月底前，基本完成对系统使用与实际业务流程长期脱节、功能可被其他系统替代、所占用资源长期处于空闲状态、运行维护停止更新服务，以及使用范围小、频度低的"僵尸"信息系统的清理工作（国务院各有关部门负责）。

（二）推进整合，加快部门内部信息系统整合共享。推动分散隔离的政务信息系统加快进行整合。整合后按要求分别接入国家电子政务内网或国家电子政务外网的数据共享交换平台。2017 年 6 月底前，国务院各部门根据自身信息化建设实际情况，制定本部门政务信息系统整合共享清单。2017 年 12 月底前，各部门原则上将分散的、独立的信息系统整合为一个互联互通、业务协同、信息共享的"大系统"，对以司局和处室名义存在的独立政务信息系统原则上必须整合（国务院各有关部门负责）。

（三）设施共建，提升国家统一电子政务网络支撑能力。加快推进国家电子政务内网政府系统建设任务落实（国务院办公厅牵头，各地区、各部门负责）。完善国家电子政务外网，健全管理体制机制，继续推进国家电子政务外网二期建设，拓展网络覆盖范围，逐步满足业务量大、实时性高的网络应用需求。2018 年 6 月底前，基本具备跨层级、跨地域、跨系统、跨部门、跨业务的支撑服务能力（国务院办公厅、国家电子政务外网管理中心负责）。除极少数特殊情况外，目前政府各类业务专网都要向国家电子政务内网或外网整合（国务院办公厅牵头，各地区、各部门负责）。

（四）促进共享，推进接入统一数据共享交换平台。加快建设国家电子政务内网数据共享交换平台，完善国家电子政务外网数据共享交换平台，开展政务信息共享试点示范，研究构建多级互联的数据共享交换平台体系，促进重点领域信息向各级政府部门共享（国务院办公厅、国家电子政务外网管理中心、各级数据共享交换平台建设管理单位负责）。2017 年 9 月底前，依托国家电子政务外网数据共享交换平台，初步提供公民、社会组织、企业、事业单位的相关基本信息，同时逐步扩大信息共享内容，完善基础信息资源库的覆盖范围和相关数据标准，优化便捷共享查询方式（国家发展改革委、公安部、民政部、工商总局、中央编办等负责）。2018 年 6 月底前，各部门推进本部门政务信息系统向国家电子政务内网或外网迁移，对整合后的政务信息系统和数据资源按必要程序审核或评测审批后，统一接入国家数据共享交换平台（国务院办公厅会同国家发展改革委牵头组织，各有关部门负责）。

（五）推动开放，加快公共数据开放网站建设。依托国家电子政务外网和中央政府门户网站，建设统一规范、互联互通、安全可控的数据开放网站（www.data.gov.cn）。基于政务信息资源目录体系，构建公共信息资源开放目录，按照公共数据开放有关要求，推动政府部门和公共企事业单位的原始性、可机器读取、可供社会化再利用的数据集向社会开放，开展中国数据创新系列活动，鼓励和引导社会化开发利用（国家发展改革委、国家网信办、国务院办公厅等按职责分工负责）。

（六）强化协同，推进全国政务信息共享网站建设。依托国家电子政务外网，建设完善全国政务信息共享网站（data.cegn.cn），将其作为国家电子政务外网数据共享交换平台的门户，支撑政府部门间跨地区、跨层级的信息共享与业务协同应用。2017年7月底前，全国政务信息共享网站正式开通上线，按照"以试点促建设、以普查促普及、以应用促发展"的工作思路，加强共享网站推广（国家发展改革委、国家电子政务外网管理中心负责）。2017年12月底前，实现信用体系、公共资源交易、投资、价格、自然人（基础数据以及社保、民政、教育等业务数据）、法人（基础数据及业务数据）、能源（电力等）、空间地理、交通、旅游等重点领域数据基于全国政务信息共享网站的共享服务（国家发展改革委牵头组织，各有关部门按职责分工负责）。2018年6月底前，实现各部门政务数据基于全国政务信息共享网站的共享服务（国务院各有关部门负责）。

（七）构建目录，开展政务信息资源目录编制和全国大普查。落实《政务信息资源共享管理暂行办法》有关要求，加快建立政务信息资源目录体系。2017年6月底前，出台《政务信息资源目录编制指南》（国家发展改革委、国家网信办负责）。组织完成面向各地区、各部门的政务信息资源目录体系建设试点和信息共享专题培训工作（国家发展改革委牵头，各有关地区、部门配合）。2017年12月底前，开展对政务信息系统数据资源的全国大普查（国务院办公厅、国家发展改革委牵头，各有关地区、部门配合）。逐步构建全国统一、动态更新、共享校核、权威发布的政务信息资源目录体系。

（八）完善标准，加快构建政务信息共享标准体系。建立健全政务信息资源数据采集、数据质量、目录分类与管理、共享交换接口、共享交换服务、多级共享平台对接、平台运行管理、网络安全保障等方面的标准，推动标准试点应用工作。2017年10月底前，完成人口、法人、电子证照等急需的国家标准的组织申报和立项（国家标准委牵头，国家数据共享交换平台建设管理单位等配合）。

（九）一体化服务，规范网上政务服务平台体系建设。加快推动形成全国统一政务服务平台，统筹推进统一、规范、多级联动的"互联网+政务服务"技术和服务体系建设。加快推动国家政务服务平台建设，着力解决跨地区、跨部门、跨层级政务服务信息难以共享、业务难以协同、基础支撑不足等突出问题（国务院办公厅牵头）。各地区、各部门要整合分散的政务服务系统和资源，2017年12月底前普遍建成一体化网上政务服务平台。按照统一部署，各地区、各部门政务服务平台要主动做好与中央政府门户网站的对接，实现与国家政务服务平台的数据共享和资源接入（各地区、各部门负责）。

（十）上下联动，开展"互联网+政务服务"试点。围绕"互联网+政务服务"的主要内容和关键环节，组织开展培训交流和试点示范（国务院办公厅、国家发展改革委牵头）。加快实施信息惠民工程，在80个城市大力推进"一号一窗一网"试点。2017年7月底前，完成试点城市2016年工作评价（国家发展改革委牵头）。2017年12月底前，试点城市初步实现跨地区、跨部门、跨层级的政务服务（各有关省级政府、试点城市政府负责）。

三、加大机制体制保障和监督落实力度

（一）加强组织领导。各级政府要建立健全政务信息系统统筹整合和政务信息资源共享开放管理制度，加强统筹协调，明确目标、责任、牵头单位和实施机构。强化各级政府及部门主要负责人对政务信息系统统筹整合和政务信息资源共享工作的责任，原则上部门主要负责人为第一责任人。对责任不落实、违反《政务信息资源共享管理暂行办法》规定的地方和部门，要予以通报并责令整改（各地区、各部门负责，国务院办公厅会同国家发展改革委督查落实）。

（二）加快推进落实。各地区、各部门要按照《政务信息资源共享管理暂行办法》有关要求，把信息共享有关工作列入重要日程，按照本方案要求统筹推动本地区、本部门政务信息系统整合共享工作，抓紧制定推进落实的时间表、路线图，加强台账和清单式管理，精心组织实施，每年2月底前向促进大数据发展部际联席会议报告上一年度政务信息资源共享情况（包括政务信息资源目录编制情况、政务信息系统接入统一共享平台进展、数据对接共享和支撑协同应用情况等，报告请径送联席会议办公室〔国家发展改革委〕），切实保障工作进度（各地区、各部门负责），经汇总后向国务院提交政务信息资源共享情况年度报告（促进大数据发展部际联席会议负责）。加强经费保障，政务信息资源整合共享相关项目建设资金纳入政府固定资产投资（各级发展改革部门牵头），政务信息资源整合共享相关工作经费纳入部门预算统筹安排（各级财政部门牵头）。

（三）强化评价考核。充分发挥国家电子政务工作统筹协调机制作用，建立政务信息共享工作评价常态化机制，督促检查政务服务平台体系建设、政务信息系统统筹整合和政务信息资源共享工作落实情况。2017年12月底前，组织制定政务信息共享工作评价办法，每年对各部门提供和使用共享信息情况进行评估，并公布评估报告和改进意见（国务院办公厅、国家发展改革委、国家网信办、中央编办、财政部等负责）。

（四）加强审计监督。审计机关要依法履行职责，加强对政务信息系统的审计，保障专项资金使用的真实性、合法性和效益性，推动完善相关政策制度，审计结果及时报国务院（审计署牵头）。探索政务信息系统审计的方式方法，2017年12月底前形成具体工作方案（审计署牵头，国家发展改革委、国家网信办配合）。

（五）优化建设模式。推动政务信息化建设投资、运维和项目建设模式改革，鼓励推广云计算、大数据等新技术新模式的应用与服务，提升集约化建设水平（国家发展改革委、财政部牵头）。2017年9月底前，修订《国家电子政务工程建设项目管理暂行办法》，进一步简化审批流程，完善社会投资参与的相关规定（国家发展改革委牵头）。2017年12月底前，制定电子政务服务采购管理相关办法，完善政府购买信息系统、数据中心、数据资源等信息化服务的相关政策（财政部牵头）。

（六）建立备案制度。相关部门申请政务信息化项目建设和运维经费时，应及时向同级政府政务信息共享主管部门全口径备案。加强项目立项建设和运行维护信息采集，掌握项目名称、建设单位、投资额度、运维费用、经费渠道、数据资源、应用系统、等级保护和分级保护备案情况等内容，在摸清底数的前提下，加大管理力度。对不符合共建共享要求的项目，相关部门不予审批，不拨付运维经费。加大对国家统一电子政务网络、数据共享交换平台等公共性基础性平台的运维经费保障力度，逐步减少直至取消信息孤岛系统和利用程度低的专网的运维经费。2017年12月底前，研究建立政务信息化项目建设投资审批和运维经费审批的跨部门联动机制（国务院办公厅、国家发展改革委、财政部、中央编办等负责）。

（七）加强安全保障。强化政务信息资源共享网络安全管理，推进政务信息资源共享风险评估，推动制定完善个人隐私信息保护的法律法规，切实按照相关法律法规要求，保障政务信息资源使用过程中的个人隐私（国家网信办牵头）。加强政务信息资源采集、共享、使用的安全保障工作，凡涉及国家秘密的，应当遵守有关保密法律法规的规定（各地区、各部门负责）。加强统一数据共享交换平台安全防护，切实保障政务信息资源共享交换的数据安全（各级数据共享交换平台建设管理单位负责）。

政务信息系统政府采购管理暂行办法

财政部关于印发

《政务信息系统政府采购管理暂行办法》的通知

财库〔2017〕210号

党中央有关部门，国务院各部委、各直属机构，全国人大常委会办公厅，全国政协办公厅，高法院，高检院，各民主党派中央，有关人民团体，各省、自治区、直辖市、计划单列市财政厅（局），新疆生产建设兵团财政局，中共中央直属机关采购中心，中央国家机关政府采购中心，全国人大机关采购中心：

现将《政务信息系统政府采购管理暂行办法》印发给你们，请遵照执行。

财政部

2017年12月26日

第一条 为了推进政务信息系统政府采购工作规范高效开展，根据国家电子政务总体部署和《国务院办公厅关于印发政务信息系统整合共享实施方案的通知》（国办发〔2017〕39号）有关要求，制定本办法。

第二条 本办法所称政务信息系统是指由政府投资建设、政府和社会企业联合建设、政府向社会购买服务或需要政府运行维护的，用于支撑政务部门履行管理和服务职能的各类信息系统，包括执行政务信息处理的计算机、软件和外围设备等货物和服务。

前款所称政务部门是指中共中央、全国人大、国务院、全国政协、最高法院、最高检察院及中央和国家机关各部门，各级地方党委、人大、政府、政协、法院、检察院及其直属各部门（单位）。

第三条　政务信息系统政府采购工作由各相关政务部门（以下简称采购人）负责统一规划和具体实施，各级财政部门依法履行政府采购监管职责。

第四条　采购人应当按照可行性研究报告、初步设计报告、预算审批时核准的内容和实际工作需要确定政务信息系统采购需求（以下简称采购需求）并组织采购。

采购需求应当科学合理、明确细化，包括项目名称、采购人、预算金额、经费渠道、运行维护要求、数据共享要求、安全审查和保密要求、等级保护要求、分级保护要求、需落实的政府采购政策和履约验收方案等内容。

第五条　采购需求应当符合法律法规，满足国家、行业相关标准的要求，鼓励使用市场自主制定的团体标准。

专业性强、技术要求较高的政务信息系统，可以邀请行业专家或者第三方专业机构参与需求制定工作。采购人和实际使用者或受益者分离的项目，在制定需求时，应当征求实际使用者或受益者的意见。

第六条　采购需求应当落实政务信息系统整合共享要求，符合政务信息共享标准体系，确保相关系统能够按照规定接入国家共享数据交换平台。采购需求要与现有系统功能协调一致，避免重复建设。

采购需求应当体现公共数据开放有关要求，推动原始性、可机器读取、可供社会化再利用的数据集向社会开放。

第七条 采购需求应当落实国家支持云计算的政策要求，推动政务服务平台集约化建设管理。不含国家秘密、面向社会主体提供服务的政务信息系统，原则上应当采用云计算模式进行建设，采购需求应当包括相关设备、系统和服务支持互联网协议第六版（IPv6）的技术要求。

第八条 采购需求应当落实国家密码管理有关法律法规、政策和标准规范的要求，同步规划、同步建设、同步运行密码保障系统并定期进行评估。

第九条 政务信息系统采用招标方式采购的，应当采用综合评分法；采用非招标方式采购的，应当采用竞争性磋商或单一来源采购方式。

除单一来源采购方式外，政务信息系统采购货物的，价格分值占总分值比重应当为30%；采购服务的，价格分值占总分值比重应当为10%。无法确定项目属于货物或服务的，由采购人按照有利于采购项目实施的原则确定项目属性。

第十条 采购人应当指派熟悉情况的工作人员作为采购人代表参加评标委员会或者竞争性磋商小组，参与政务信息系统采购活动的评审。

第十一条 政务信息系统采购评审中，评标委员会或者竞争性磋商小组认为供应商报价明显低于其他合格供应商的报价，有可能影响产品质量或者不能诚信履约的，应当要求其在评审现场合理时间内提供书面说明，必要时提供相关证明材料；供应商不能证明其报价合理性的，评标委员会或竞争性磋商小组应当将其作为无效投标或者无效响应处理。

第十二条 采购人应当按照国家有关规定组织政务信息系统项目验收，根据项目特点制定完整的项目验收方案。验收方案应当包括项目所有功能的实现情况、密码应用和安全审查情况、信息系统共享情况、维保服务等采购文件和采购合同规定的内容，必要时可以邀请行业专家、第三方机构或相关主管部门参与验收。

第十三条 采购人可以聘请第三方专业机构制定针对政务信息系统的质量保障方案，对相关供应商的进度计划、阶段成果和服务质量进行监督，形成项目整改报告和绩效评估报告，必要时邀请行业专家或相关主管部门评审论证。质量保障相关情况应当作为项目验收的依据。

第十四条 具有多个服务期的政务信息系统，可以根据每期工作目标进行分期验收。为社会公众服务的政务信息系统，应当将公众意见或者使用反馈情况作为验收的重要参考依据。采购人和实际使用者或受益者分离的政务信息系统，履约验收时应当征求实际使用者或受益者的意见。

第十五条 政务信息系统的项目验收结果应当作为选择本项目后续运行维护供应商的重要参考。

第十六条 在年度预算能够保障的前提下，采购人可以与政务信息系统运行维护供应商签订不超过三年履行期限的政府采购合同。

第十七条 本办法从 2018 年 1 月 1 日起施行。

国务院关于加快推进"互联网+政务服务"工作的指导意见

国发〔2016〕55 号

各省、自治区、直辖市人民政府，国务院各部委、各直属机构：

推进"互联网+政务服务"，是贯彻落实党中央、国务院决策部署，把简政放权、放管结合、优化服务改革推向纵深的关键环节，对加快转变政府职能，提高政府服务效率和透明度，便利群众办事创业，进一步激发市场活力和社会创造力具有重要意义。近年来，一些地方和部门初步构建互联网政务服务平台，积极开展网上办事，取得一定成效。但也存在网上服务事项不全、信息共享程度低、可办理率不高、企业和群众办事仍然不便等问题，同时还有不少地方和部门尚未开展此项工作。为加快推进"互联网+政务服务"工作，切实提高政务服务质量与实效，现提出以下意见。

一、总体要求

（一）指导思想。认真落实党的十八大和十八届三中、四中、五中全会精神，深入贯彻习近平总书记系列重要讲话精神，牢固树立创新、协调、绿色、开放、共享的发展理念，按照建设法治政府、创新政府、廉洁政府和服务型政府的要求，优化服务流程，创新服务方式，推进数据共享，打通信息孤岛，推行公开透明服务，降低制度性交易成本，持续改善营商环境，深入推进大众创业、万众创新，最大程度利企便民，让企业和群众少跑腿、好办事、不添堵，共享"互联网+政务服务"发展成果。

（二）基本原则。

坚持统筹规划。充分利用已有资源设施，加强集约化建设，推动政务服务平台整合，促进条块联通，实现政务信息资源互认共享、多方利用。

坚持问题导向。从解决人民群众反映强烈的办事难、办事慢、办事繁等问题出发，简化优化办事流程，推进线上线下融合，及时回应社会关切，提供渠道多样、简便易用的政务服务。

坚持协同发展。加强协作配合和工作联动，明确责任分工，实现跨地区、跨层级、跨部门整体推进，做好制度衔接，为"互联网+政务服务"提供制度和机制保障。

坚持开放创新。鼓励先行先试，运用互联网思维，创新服务模式，拓展服务渠道，开放服务资源，分级分类推进新型智慧城市建设，构建政府、公众、企业共同参与、优势互补的政务服务新格局。

（三）工作目标。2017年底前，各省（区、市）人民政府、国务院有关部门建成一体化网上政务服务平台，全面公开政务服务事项，政务服务标准化、网络化水平显著提升。2020年底前，实现互联网与政务服务深度融合，建成覆盖全国的整体联动、部门协同、省级统筹、一网办理的"互联网+政务服务"体系，大幅提升政务服务智慧化水平，让政府服务更聪明，让企业和群众办事更方便、更快捷、更有效率。

二、优化再造政务服务

（一）规范网上服务事项。各省（区、市）人民政府、国务院各部门要依据法定职能全面梳理行政机关、公共企事业单位直接面向社会公众提供的具体办事服务事项，编制政务服务事项目录，2017 年底前通过本级政府门户网站集中公开发布，并实时更新、动态管理。实行政务服务事项编码管理，规范事项名称、条件、材料、流程、时限等，逐步做到"同一事项、同一标准、同一编码"，为实现信息共享和业务协同，提供无差异、均等化政务服务奠定基础。

（二）优化网上服务流程。优化简化服务事项网上申请、受理、审查、决定、送达等流程，缩短办理时限，降低企业和群众办事成本。凡是能通过网络共享复用的材料，不得要求企业和群众重复提交；凡是能通过网络核验的信息，不得要求其他单位重复提供；凡是能实现网上办理的事项，不得要求必须到现场办理。推进办事材料目录化、标准化、电子化，开展在线填报、在线提交和在线审查。建立网上预审机制，及时推送预审结果，对需要补正的材料一次性告知；积极推动电子证照、电子公文、电子签章等在政务服务中的应用，开展网上验证核对，避免重复提交材料和循环证明。涉及多个部门的事项实行一口受理、网上运转、并行办理、限时办结。建立公众参与机制，鼓励引导群众分享办事经验，开展满意度评价，不断研究改进工作。各级政府及其部门都要畅通互联网沟通渠道，充分了解社情民意，针对涉及公共利益等热点问题，积极有效应对，深入解读政策，及时回应关切，提升政府公信力和治理能力。

（三）推进服务事项网上办理。凡与企业注册登记、年度报告、变更注销、项目投资、生产经营、商标专利、资质认定、税费办理、安全生产等密切相关的服务事项，以及与居民教育医疗、户籍户政、社会保障、劳动就业、住房保障等密切相关的服务事项，都要推行网上受理、网上办理、网上反馈，做到政务服务事项"应上尽上、全程在线"。

（四）创新网上服务模式。加快政务信息资源互认共享，推动服务事项跨地区远程办理、跨层级联动办理、跨部门协同办理，逐步形成全国一体化服务体系。开展政务服务大数据分析，把握和预判公众办事需求，提供智能化、个性化服务，变被动服务为主动服务。引入社会力量，积极利用第三方平台，开展预约查询、证照寄送，以及在线支付等服务；依法有序开放网上政务服务资源和数据，鼓励公众、企业和社会机构开发利用，提供多样化、创新性的便民服务。

（五）全面公开服务信息。各地区各部门要在政府门户网站和实体政务大厅，集中全面公开与政务服务事项相关的法律法规、政策文件、通知公告、办事指南、审查细则、常见问题、监督举报方式和网上可办理程度，以及行政审批涉及的中介服务事项清单、机构名录等信息，并实行动态调整，确保线上线下信息内容准确一致。规范和完善办事指南，列明依据条件、流程时限、收费标准、注意事项等；明确需提交材料的名称、依据、格式、份数、签名签章等要求，并提供规范表格、填写说明和示范文本。除办事指南明确的条件外，不得自行增加办事要求。

三、融合升级平台渠道

（一）规范网上政务服务平台建设。各省（区、市）人民政府、国务院有关部门要依托政府门户网站，整合本地区本部门政务服务资源与数据，加快构建权威、便捷的一体化互联网政务服务平台，提供一站式服务，避免重复分散建设；已经单独建设的，应尽快与政府门户网站前端整合。中央政府门户网站是全国政务服务的总门户，各地区各部门网上政务服务平台要主动做好对接，形成统一的服务入口。推进政府部门各业务系统与政务服务平台的互联互通，加强平台间对接联动，统一身份认证，按需共享数据，做到"单点登录、全网通办"。建立健全政务服务平台电子监察系统，实现全部事项全流程动态监督。利用统一的政务服务资源，积极推进平台服务向移动端、自助终端、热线电话等延伸，为企业和群众提供多样便捷的办事渠道。

（二）推进实体政务大厅与网上服务平台融合发展。适应"互联网+政务服务"发展需要，进一步提升实体政务大厅服务能力，加快与网上服务平台融合，形成线上线下功能互补、相辅相成的政务服务新模式。推进实体政务大厅向网上延伸，整合业务系统，统筹服务资源，统一服务标准，做到无缝衔接、合一通办。完善配套设施，推动政务服务事项和审批办理职权全部进驻实体政务大厅，实行集中办理、一站式办结，切实解决企业和群众办事在政务大厅与部门之间来回跑腿的问题。实体政务大厅管理机构要加强对单位进驻、事项办理、流程优化、网上运行的监督管理，推进政务服务阳光规范运行。

（三）推动基层服务网点与网上服务平台无缝对接。乡镇（街道）政务服务中心和村（社区）便民服务点直接服务基层群众，要充分利用共享的网上政务服务资源，贴近需求做好政策咨询和办事服务，重点围绕劳动就业、社会保险、社会救助、扶贫脱贫等领域，开展上门办理、免费代办等，为群众提供便捷的综合服务。加快将网上政务服务向老少边穷岛等边远贫困地区延伸，实现"互联网+政务服务"基层全覆盖。

四、夯实支撑基础

（一）推进政务信息共享。国家发展改革委牵头整合构建统一的数据共享交换平台体系，贯彻执行《政务信息资源共享管理暂行办法》，打通数据壁垒，实现各部门、各层级数据信息互联互通、充分共享，尤其要加快推进人口、法人、空间地理、社会信用等基础信息库互联互通，建设电子证照库和统一身份认证体系。国务院各部门要加快整合面向公众服务的业务系统，梳理编制网上政务服务信息共享目录，尽快向各省（区、市）网上政务服务平台按需开放业务系统实时数据接口，支撑政务信息资源跨地区、跨层级、跨部门互认共享。切实抓好信息惠民试点工作，2017 年底前，在 80 个信息惠民国家试点城市间初步实现政务服务"一号申请、一窗受理、一网通办"，形成可复制可推广的经验，逐步向全国推行。

（二）加快新型智慧城市建设。创新应用互联网、物联网、云计算和大数据等技术，加强统筹，注重实效，分级分类推进新型智慧城市建设，打造透明高效的服务型政府。汇聚城市人口、建筑、街道、管网、环境、交通等数据信息，建立大数据辅助决策的城市治理新方式。构建多元普惠的民生信息服务体系，在教育文化、医疗卫生、社会保障等领域，积极发展民生服务智慧应用，向城市居民、农民工及其随迁家属提供更加方便、及时、高效的公共服务。提升电力、燃气、交通、水务、物流等公用基础设施智能化水平，实行精细化运行管理。做好分级分类新型智慧城市试点示范工作，及时评估工作成效，发挥创新引领作用。

（三）建立健全制度标准规范。加快清理修订不适应"互联网+政务服务"的法律法规和有关规定，制定完善相关管理制度和服务规范，明确电子证照、电子公文、电子签章等的法律效力，着力解决"服务流程合法依规、群众办事困难重重"等问题。国务院办公厅组织编制国家"互联网+政务服务"技术体系建设指南，明确平台架构，以及电子证照、统一身份认证、政务云、大数据应用等标准规范。

（四）完善网络基础设施。建设高速畅通、覆盖城乡、质优价廉、服务便捷的网络基础设施。将通信基础设施建设纳入地方城乡规划，实现所有设区城市光纤网络全覆盖，推进农村地区行政村光纤通达和升级改造。提升骨干网络容量和网间互通能力，大幅降低上网资费水平。尽快建成一批光网城市，第四代移动通信（4G）网络全面覆盖城市和乡村，80%以上的行政村实现光纤到村。充分依托现有网络资源，推动政务云集约化建设，为网上政务服务提供支撑和保障。

（五）加强网络和信息安全保护。按照国家信息安全等级保护制度要求，加强各级政府网站信息安全建设，健全"互联网+政务服务"安全保障体系。明确政务服务各平台、各系统的安全责任，开展等级保护定级备案、等级测评等工作，建立各方协同配合的信息安全防范、监测、通报、响应和处置机制。加强对电子证照、统一身份认证、网上支付等重要系统和关键环节的安全监控。提高各平台、各系统的安全防护能力，查补安全漏洞，做好容灾备份。建立健全保密审查制度，加大对涉及国家秘密、商业秘密、个人隐私等重要数据的保护力度，提升信息安全支撑保障水平和风险防范能力。

五、加强组织保障

（一）强化组织领导。各地区各部门要高度重视，充分认识"互联网+政务服务"工作对建设廉洁高效、人民满意的服务型政府的重要意义，切实加强组织领导。主要负责同志要亲自部署，狠抓落实，并明确一位负责同志具体分管，协调督促，常抓不懈。各省（区、市）人民政府办公厅、国务院各部门办公厅（室）要牵头负责统筹推进、监督协调本地区本部门"互联网+政务服务"工作，明确工作机构、人员和职责，建立政务服务部门、信息化部门和有关业务单位分工明确、协调有力的工作机制。国务院办公厅要加强对各地区各部门"互联网+政务服务"工作的督促指导，开展督查评估，推动工作取得实效。

（二）强化考核监督。建立"互联网+政务服务"工作绩效考核制度，纳入政府绩效考核体系，加大考核权重，列入重点督查事项，定期通报并公开工作进展和成效。发挥媒体监督、专家评议、第三方评估等作用，畅通群众投诉举报渠道，通过模拟办事、随机抽查等方式，深入了解服务情况，汇聚众智改进服务。在政府门户网站设立曝光纠错栏目，公开群众反映的办事过程中遇到的困难和问题，及时反馈处理结果。完善正向激励机制，对综合评价高、实际效果好的按照有关规定予以表彰奖励；建立健全问责机制，对工作开展不力的予以通报，对不作为、乱作为、慢作为，损害群众合法权益的依法依规进行问责。

（三）加大培训推广力度。将"互联网+政务服务"工作纳入干部教育培训体系，定期组织开展培训。把面向公众办事服务作为公职人员培训的重要内容，提高服务意识、业务能力和办事效率。加强专业人才培养，建设一支既具备互联网思维与技能又精通政务服务的专业化队伍。积极开展试点示范工作，建立交流平台，加强业务研讨，分享经验做法，共同提高政务服务水平。做好宣传推广和引导，方便更多群众通过网络获取政务服务，提高"互联网+政务服务"的社会认知度和群众认同感。

各省（区、市）人民政府、国务院有关部门要根据本意见，抓紧制定工作方案，明确责任单位和进度安排，加强衔接配合，加大财政支持，认真抓好落实。工作方案报国务院办公厅备案。

国务院

2016 年 9 月 25 日

关于加快推进"互联网+
农业政务服务"工作方案

农业部关于印发
《关于加快推进"互联网+农业政务服务"
工作方案》的通知
农办发〔2017〕1号

机关各司局、派出机构、各直属单位：

《关于加快推进"互联网+农业政务服务"工作方案》已经农业部2017年第1次部常务会议审议通过，现印发给你们，请遵照贯彻实施，抓紧组织落实。

农业部
2017年1月5日

推进"互联网+政务服务"，是转变政府职能、转变工作方式、提高治理能力的迫切要求，是深化"放管服"改革的关键环节，是政务服务应对网络时代挑战的必然选择，是解决群众办事难、激发主体活力、增添发展新动能的重要举措，是政务服务发展的创新升级。为贯彻落实《国务院关于加快推进"互联网+政务服务"工作的指导意见》（国发〔2016〕55号）精神，加快推进农业部"互联网+农业政务服务"工作，不断提高农业部政务服务水平，制定本工作方案。

一、总体要求

（一）指导思想

认真贯彻落实国务院关于加强政务服务的部署要求，紧紧抓住直接面向社会公众提供的具体办事服务事项，充分运用"互联网+"思维，优化再造农业政务服务流程，创新丰富服务内容、服务方式，着力提升农业政务服务的标准化、网络化、智慧化水平，推进农业政务服务数据共享，打通信息孤岛，公开透明服务，最大程度利企便民，让企业和群众少跑腿、好办事、不添堵，共享"互联网+农业政务服务"发展成果。

（二）基本原则

——坚持统筹规划。依托农业部门户网站和行政审批综合办公系统，构建农业政务服务办公系统，统筹规划建设农业部一体化网上政务服务平台和农业政务服务"一张网"。按照《农业部政务信息资源共享管理暂行办法》，统一部署整合具有政务服务事项的业务信息系统及相关政务信息资源，实现农业部政务服务信息资源开放共享。

——坚持重点突出。以行政审批事项服务为重点，进一步简化优化行政审批办事流程，进一步推进行政审批线上线下融合。按照成熟一项纳入一项、成熟一批纳入一批的原则，加快推动其他政务服务事项网上办理。

——坚持协同发展。进一步加强农业部各业务司局和单位之间的配合，以行政审批事项服务带动其他政务服务同步发展；在现有行政审批服务工作机制的基础上，进一步明确责任分工，完善工作机制，实现政务服务工作整体推进和协同发展。

——坚持开放创新。牢固树立创新思维和发展眼光，运用云计算、大数据、移动互联网思维，推动农业部线上服务和线下办事紧密融合，构建统一规范的"互联网+农业政务服务"体系。

（三）工作目标

2017年底前，编制完成农业部政务服务事项目录，并在网上公开；基本建成农业部一体化网上政务服务平台，全面实现行政审批事项网上办事，大幅提升政务服务标准化水平。2020年底前，全面实现农业部政务服务事项网上办理，建成覆盖农业部的整体联动、业务协同、一网办理的"互联网+农业政务服务"体系，大幅提升政务服务智慧化水平，让企业和群众办事更方便、更快捷、更有效。

二、实现农业政务服务事项"应上尽上、全程在线"

（一）推进"互联网+"行政审批服务。进一步整合优化行政审批系统，实现承担行政审批司局和单位之间数据对接，全面推进行政许可事项网上办理，实现行政许可事项在线填报、在线提交、在线审查；优化行政审批综合查询平台，推进部省之间农业行政审批互联互通、信息共享；加强标准化建设，在已发布实施210项标准的基础上，从行政许可事项的流程管理、规范服务、受理场所、监督检查等方面，进一步完善标准，并上网公布。

责任分工：办公厅牵头，承担行政许可事项工作司局和单位具体负责，信息中心负责技术支撑。

进度安排：2017年底前完成除准备下放以外的全部行政许可事项网上办理。

（二）推进"互联网+"农业项目投资管理服务。利用互联网改进规划编制方式，在规划初稿形成后广泛征求各级农业主管部门和社会意见；规划审批后，及时公开规划相关内容，作为建设投资安排依据。围绕广泛接受社会监督，及时公开项目申报通知（指南）；对通过评审的项目，认真开展立项前公示，并在立项批复后及时公开批复情况。

责任分工：计划司牵头，具有项目投资管理的司局参与。

进度安排：2017 年底前完成。

（三）推进"互联网+"三品一标认证管理服务。依托"三品一标"管理系统平台，对现有系统功能进一步完善升级，提升认证申请审核效率、方便消费者查询，加强"三品一标"证后监管。无公害农产品认证基本实现网上申报，检测机构、检查员、证书和监管信息在线管理，探索实现专家网上评审功能；绿色食品基本实现申报申请、审核管理、监督检查、市场品牌建设、基地建设、协同办公等相关业务环节的全程网络化，优化升级现有业务工作流程和系统技术架构；有机食品基本实现企业在线申请、认证审核、监督检查、标准体系、市场品牌建设、基地建设、生资评估、风险预警、协同办公等多项业务环节的全程网络化，优化升级现有业务工作流程和系统技术架构；农产品地理标志基本实现登记申报、标志使用人在线管理，建立登记产品地理信息管理（GIS）系统、产品特色比对体系及宣传展示查询渠道。

责任分工：监管局牵头，农产品质量安全中心具体负责无公害农产品认证和农产品地理标志，绿色食品发展中心具体负责绿色食品认证和有机食品认证，信息中心负责技术支撑。

进度安排：2019 年底前完成。

（四）推进"互联网+"其他政务服务。各司局和单位要围绕农业生产经营、安全生产、资质资格认定等密切相关政务服务事项，摸清家底，梳理权力清单、责任清单，编制政务服务目录，研究提出网上服务的具体内容及服务方式，加快实现网上受理、网上办理、网上反馈，做到政务服务事项"应上尽上、全程办理"。

责任分工：各司局、各单位分别负责，信息中心负责技术支撑。

进度安排：2017年2月底前完成政务服务事项梳理及目录编制，提出具体服务内容及服务方式，并报办公厅；2020年底前完成所有政务服务事项网上办理。

（五）推进信息进村入户。以国家信息进村入户公益平台为基础，逐步整合现有各类农业信息服务系统。加强12316公益服务能力建设，加大涉农部门信息资源和服务资源整合力度，通过信息进村入户体系，为农民提供农技推广、农产品质量安全监管、农机作业调度、动植物疫病防控、测土配方施肥、政策法律咨询等服务的同时，推动便民服务、公益服务和电子商务一起进村入户，实现一窗口办理、一站式服务。

责任分工：市场司、财务司、计划司牵头，涉及具体服务内容的司局单位参与，信息中心等相关单位具体承担。

进度安排：2020年前完成。

（六）推进农业政策法规及时公开与解读。依托农业部政府门户网站和农业政务服务平台，开展农业政策法规解读，将农业部出台的涉及面广、社会关注度高的有关重要政策法规和重大措施，及时主动公开，并通过新闻发布、接受访谈、政策宣讲、官方微博微信等线上线下多种渠道、多种方式，解疑释惑，及时回应社会关切，传递权威信息，扩大政策法规信息覆盖面和影响力。

责任分工：各司局、各单位具体负责。

进度安排：贯彻每个年度，并持之以恒开展。

三、融合升级互联网+农业政务服务平台

（一）推进互联网农业政务服务平台建设。依托农业部政府门户网站，加快构建农业部一体化的网上政务服务平台；加快实现与中央政府门户网站、省级农业主管部门政务服务平台、国务院其他部门政务服务平台的对接联动，统一身份认证，按需共享数据。建立健全农业政务服务平台电子监察系统，实现全部事项全流程动态监督。利用统一的农业政务服务资源，积极推进平台服务向移动终端、自助终端、热线电话等延伸，为企业和群众提供多样便捷的办事渠道。

责任分工：办公厅、市场司牵头，各司局、各单位配合，信息中心负责技术支撑。

进度安排：2017 年底前基本建成。

（二）加快建设农业政务服务"一张网"。把农业部政府门户网站作为主要的平台入口，统一提供政务服务等功能。在办事公开方面，整合政务服务事项，集中统一公开各司局单位政务服务事项的权力清单、责任清单、政务服务事项目录以及办事服务信息，让企业和群众"明白办事"。在办事服务方面，整合各业务司局单位的业务信息系统，上网的服务事项都要开展在线填报、网上运转、后台核验和限时办结，推行不同系统间的统一身份认证，逐步实现"单点登录、全网通办"。加强与国务院其他部门政府网站的联动，及时转载国务院重要政策信息，提升网站集群效应，建设政务服务的网上矩阵。

责任分工：办公厅牵头，各司局、各单位具体负责，信息中心负责技术支撑。

进度安排：2017年底前基本建成。

（三）建设农业政务服务办公系统。将行政审批综合办公系统拓展改造为农业政务服务办公系统，优先开发建设行政审批服务的移动终端APP，实现行政审批服务事项进度及结果查询、数据统计分析、数据交换共享、电子监察、时效预警、信息发布、在线申报等功能；升级完善行政审批及依申请公开子系统、智能文件交换系统；在有条件的行政审批等政务服务事项中逐步实现无纸化办公；开发政务服务数据趋势分析、预测研判等功能，进一步提升农业部农业政务服务智慧化水平。

责任分工：办公厅牵头，各具有政务服务事项的司局、单位具体负责，信息中心具体承办。

进度安排：2020年前完成。

（四）推进农业政务服务实体大厅与网上服务平台融合发展。适应"互联网+政务服务"发展需要，建设农业政务服务实体大厅，推动政务服务事项进驻，实行集中服务、集中受理。把互联网政务服务平台与政务服务实体大厅融为一体，形成线上线下功能互补、相辅相成的政务服务新模式，统筹两个平台的服务资源，统一服务标准，做到无缝衔接、合力通办，避免企业和群众办事在政务大厅与部门之间来回跑腿。

责任分工：办公厅、机关服务局牵头，各司局、各单位具体负责，信息中心负责技术支撑。

进度安排：2018年底前基本建成。

四、夯实互联网+农业政务服务支撑基础

（一）推进农业部政务信息资源共享开放。贯彻落实《国务院关于印发政务信息资源共享管理暂行办法的通知》（国发〔2016〕51号）精神，按照"统筹部署、整体推动、试点先行、先内后外"的原则，研究制定《农业部政务信息资源共享管理暂行办法》《农业部政务信息资源目录编制指南》《农业部政务信息资源共享工作评估暂行办法》，加快推动各司局、各单位政务信息资源共享利用。率先在农业部政务内网实现部内政务信息资源共享，逐步实现政务信息资源面向社会公众开放。

责任分工：办公厅、市场司、财务司牵头，各司局、各单位具体负责，信息中心、中国农科院区划所具体承办。

进度安排：2020年底前完成。

（二）推动农业政务服务制度化标准化规范化。依据国务院办公厅编制的"互联网+政务服务"技术体系建设指南等规定，规范和完善办事指南，列明依据条件、流程时限、收费标准、注意事项等；明确需提交材料的名称、设定依据、格式份数、签名签章等要求，并提供规范表格、填写说明和示范文本。除办事指南明确的条件外，不得自行增加办事要求，尽快实现农业部政务服务制度化、标准化和规范化。

责任分工：办公厅牵头，各司局、各单位具体负责，信息中心具体承办。

进度安排：2020年底前完成。

（三）加强网络和信息安全。按照国家信息安全等级保护制度要求，落实定级备案、等级测评等工作，健全"互联网+农业政务服务"安全保障体系。加强电子证照、统一身份认证等重要系统和关键环节的安全监控。完善政务服务平台、业务系统的安全防护能力，查补安全漏洞，做好容灾备份。建立健全安全保密审查制度，加强对涉及商业秘密、个人隐私等重要数据的保护，提升信息安全支撑保障水平和风险防范意识。

责任分工：各系统主管司局和单位具体负责，信息中心负责技术支撑。

进度安排：2020 年底前完成。

五、突出利企便民，优化再造农业政务服务

（一）规范网上服务事项。依据法定职能，有政务服务事项的司局和单位，要全面梳理直接面向社会公众提供的具体政务服务事项，编制政务服务事项目录，在农业部门户网站政务服务平台集中公开发布，并实时更新、动态管理。实行政务服务事项编码管理，规范事项名称、条件、材料、流程、时限等，逐步做到"同一事项、同一标准、同一编码"，逐步实现政务服务信息共享和业务协同。

责任分工：各司局、各单位具体负责梳理本司局本单位的政务服务事项并编制政务服务事项目录，负责本司局本单位政务服务事项及目录的及时公开、实时更新及动态管理；办公厅负责汇总和编制农业部政务服务事项目录并及时公开，并监督指导相关工作；信息中心负责技术支撑。

进度安排：2017 年底前完成。

（二）优化网上服务流程。有政务服务事项的司局和单位，要优化服务事项网上申请、受理、审查、决定、送达等流程，缩短办理时限，降低办事成本。凡是能通过网络共享复用的材料，不要求企业和群众重复提交；凡是能通过网络核验的信息，不要求其他单位重复提供；凡是能够实现网上办理的事项，不得要求必须到现场办理。

责任分工：各司局、各单位具体负责优化本司局本单位的网上政务服务流程；办公厅负责监督指导相关工作；信息中心负责技术支撑。

进度安排：2018年6月底前完成。

（三）创新网上服务模式。探索建立网上预审机制，及时向办事群众推送预审结果，对需要补正的材料一次性告知；积极推动电子证照、电子公文、电子印章、电子签名、电子签章等在政务服务中的应用，开展网上验证核对；建立公众参与机制，开展满意度评价；推进办事材料的目录化、标准化、电子化，开展在线填报、在线提交和在线审查；积极推动跨部门、跨层级的政务服务事项网上办理；探索开展政务服务大数据分析，提供智能化、个性化服务，把握和预判公众办事需求。

责任分工：各司局、各单位具体负责；办公厅负责监督指导相关工作；信息中心负责技术支撑。

进度安排：2020年底前完成。

（四）公开农业政务服务信息。在农业部门户网站与实体政务服务大厅，全面公开与农业政务服务事项相关的法律法规、政策文件、通知公告、办事指南、审查细则、常见问题、监督举报方式和网上办理进度，以及行政审批涉及的中介服务事项清单、机构名录等信息，实行动态调整，确保线上线下信息内容准确一致。

责任分工：各司局、各单位具体负责；办公厅负责监督指导相关工作；信息中心负责技术支撑。

进度安排：2017年底前完成。

六、加强组织保障

（一）强化组织领导。"互联网+农业政务服务"工作在农业部推进职能转变工作领导小组领导下开展。建立办公厅、市场司与各业务司局单位分工明确、协调有力的工作机制。办公厅负责统筹推进、监督协调和督查评估；市场司负责网站建设与管理、网络和信息安全等工作；各业务司局和单位要负责本司局、本单位政务服务事项的具体落实，并明确分管负责同志、责任处室及责任人，细化落实方案，明确时间节点，及时组织实施，确保工作取得实效。

（二）强化考核监督。建立"互联网+农业政务服务"工作绩效考核制度，纳入各司局、各单位绩效管理年度考核指标，列入重点督查事项，定期通报并公开工作进展和成效。在农业部政府门户网站设立曝光纠错栏目，公开企业和群众反映的办事过程中遇到的困难问题，及时反馈处理结果。完善正向激励机制，对综合评价高、实际效果好的予以表扬；对工作开展不力的，在一定范围内予以通报。

（三）加大培训和保障力度。每年组织开展若干次专题讲座，邀请有关专家讲解"互联网+农业政务服务"有关知识，切实增强农业部干部职工"互联网+政务服务"的意识；各司局各单位将"互联网+政务服务"内容纳入干部教育培训中，并切实加大培训力度；加强有政务服务事项的司局、单位之间的业务研讨，分享经验做法，共同提高服务水平。财务司、办公厅、市场司密切配合，统筹做好"互联网+农业政务服务"有关经费保障工作，确保按时完成各项工作任务。

联系人：海占广　联系电话：010-59192301

关于实行行政审批中公民、企事业单位和
社会组织基本信息共享的通知

（2017 年 02 月 28 日中央编办（国务院审改办）
发展改革委等部门联合发布）

各省、自治区、直辖市编办、审改办、发展改革委、公安厅、民政厅、工商局（市场监管部门）：

公民、企事业单位和社会组织基本信息，是行政审批中使用频率最高的信息，用以核对申请人等的真实性、合法性和唯一性，保障行政审批依法实施。由于这类信息尚未实现全国共享，给申请人带来诸多不便，申报材料重复提交、重复审查、重复证明等大量存在，不同程度地加剧了行政审批难，各地呼吁尽早解决此问题。为贯彻落实党中央、国务院简政放权、放管结合、优化服务协同推进和"互联网+政务服务"的部署要求，降低制度性交易成本，减少无谓证明、奇葩证明，让信息多跑路、群众少跑腿，经中央编办（国务院审改办）、发展改革委、公安部、民政部、工商总局共同研究，现就行政审批中有关信息共享工作通知如下：

一、分步向各地政务服务大厅（网）提供行政审批基本信息共享服务

（一）信息共享的内容

公安部牵头通过国家电子政务外网，为各地政务服务大厅（网）共享国家人口基础信息库中的公民基本信息：姓名、公民

身份号码、性别、民族、出生日期、出生地等。

工商总局牵头通过互联网（国家企业信用信息公示系统），向全社会发布企业基本信息：企业名称、统一社会信用代码（或注册号）、企业类型、法定代表人或负责人、注册资本、成立日期、住所或经营场所、经营期限、经营范围、登记机关、核准日期、登记状态等。

国家事业单位登记管理局牵头通过互联网（事业单位在线网），向全社会发布事业单位基本信息：事业单位名称、统一社会信用代码（或事证号）、宗旨和业务范围、住所、法定代表人、开办资金、经费来源、举办单位、证书有效期等。

民政部牵头通过互联网（中国社会组织网），向全社会发布社会组织基本信息：社会组织名称、统一社会信用代码（或登记证号）、法定代表人、设立登记日期、住所、登记管理机关、登记状态、注册资金等。

（二）信息共享的步骤

2017年上半年，公安部、工商总局、民政部、国家事业单位登记管理局分别完成向各地政务服务大厅（网）开放共享相关信息。

2017年下半年起，不断扩大共享信息内容，更多地向全社会公开信息；已经公开的，要优化信息检索和查询模式，方便快捷查询。加快共享信息动态更新和查询系统升级改造，逐步实现政务服务大厅（网）可直接在查询页面打印有关材料，方便制作书面文件存档。建立信息双向告知、答疑纠错、数据比对等机制，根据各地在应用中反映的问题，不断更正提高数据准确性。

在此基础上，发展改革委牵头基于统一的国家电子政务网络和共享交换平台，归集公民、企事业单位和社会组织基本信息，以中央政府门户网站作为全国政务服务的总门户，逐步实现全国各地区各部门业务"一号申请、一窗受理、一网通办"。

二、统一规范行政审批基本信息共享的接入和查询方式

（一）公民基本信息共享

1. 明确机构。各省明确一个机构牵头与公安部科技信息化局工作对接，负责统筹省内政务服务大厅（网）信息接入查询。

2. 申请证书。各省牵头机构按照公安部《国家人口基础信息库数字证书申请发放管理办法》，填写数字证书申请表，指定一名责任人具体负责数字证书的申请更换、安全管理以及应用过程中的问题反馈和需求收集。数字证书有效期最长2年，到期后交回重新制作。

3. 查询途径。各地政务服务大厅（网）要使用 IE8 版本以上终端浏览器，通过国家电子政务外网，按授权登陆国家人口基础信息库共享服务系统（http：//59.255.92.16/gkgxfw），核查公民基本信息。地方政务服务大厅也可装备居民身份证阅读机具，核验居民身份真伪，进行人、证一致性核查比对，查询公民基本信息。

4. 答疑纠错。各地政务服务大厅（网）应用国家人口基础信息库遇到相关问题，如数据不一致或有疑义等，可拨打呼叫中心电话（010-57315666，工作日上午9：00—12：00、下午13：00—17：30），进行反馈纠错处理。

5. 服务时间。共享服务开放时限为每天8：00—20：00。各地如有特殊需求，可与公安部科技信息化局具体协商。

（二）企业基本信息共享

各地政务服务大厅（网）可登陆（链接）国家企业信用信息公示系统（http：//www.gsxt.gov.cn/），或者登陆工商总局官网、链接到国家企业信用信息公示系统，输入统一社会信用代码（或企业名称、注册号），查询企业基本信息。如遇到数据不一致或有疑义等，可联系当地企业登记机关处理或由上级企业登记机关研究处理。

（三）事业单位基本信息共享

各地政务服务大厅（网）可登陆（链接）事业单位在线网（http：//gjsy.gov.cn/），或者登陆中国机构编制网、链接到事业单位在线网，点击进入国家事业单位登记管理局或各地的查询链接，输入统一社会信用代码（或事业单位名称或登记证号），查询事业单位基本信息。如遇到数据不一致或有疑义等，可联系当地事业单位登记机关处理或由上级事业单位登记管理机关研究处理。

（四）社会组织基本信息共享

各地政务服务大厅（网）可登陆（链接）中国社会组织网（http：//www.chinanpo.gov.cn/index.html），或者登陆民政部官网、链接到中国社会组织网，点击进入民政部或各地的查询链接，输入统一社会信用代码（或社会组织名称或登记证号），查询社会组织基本信息。如遇到数据不一致或有疑义等，可联系当地民政部门处理或由上级民政部门研究处理。

三、有关要求

（一）加强组织领导。各相关单位要按照本通知要求，从解决企业和群众反映强烈的行政审批难等问题出发，加快推进行政审批基本信息共享工作，完善信息采集归集制度办法，做好信息系统建设维护，促进相关信息条块联通，确保信息共享纵向贯通、横向协调，提高行政审批服务质量，让企业和群众办事更方便、更快捷、更有效率。

（二）加强便民利民服务。各地政务服务大厅（网）要围绕提高可办理率、方便办事的要求，将公民、企事业单位和社会组织基本信息的查询系统，统一链接到各自政务服务系统，优化再造流程，推进线上线下融合，提供简便易用的审批服务。凡是能通过公民身份号码或统一信用代码核验查询、共享复用的信息，不得要求申请人和其他部门重复提供。如申请人所持居民户口簿、居民身份证、护照等法定身份证件或法人登记证书等原始证明，与共享核查的信息不一致时，应以法定身份证件或原始证明为准，不得拒绝办理业务，并及时向相应主管部门反映。

（三）加强信息安全管理。各相关单位要严格按照《中华人民共和国保密法》和《政府信息公开条例》等法律法规，建立健全保密审查和个人信息泄露补救制度，完善信息共享、业务协同的身份认证和授权管理制度，切实保护国家信息安全及公民个人隐私。国家人口基础信息库的公民信息仅供办理业务使用，各地政务服务大厅（网）要明确岗位责任，限定使用范围，防止公民信息被非法收集、使用。任何个人或单位不得出售、用于商业活动或其他目的。因应用不当造成的信息泄露等问题，由当事人承担具体责任，当事人所属单位和地方政务服务大厅（网）按分工承担管理责任。

各省审改办请于 2017 年 6 月底和 12 月底前，分别向国务院审改办报送上半年和全年落实进展情况。各地在行政审批基本信息共享过程中遇到新情况新问题，可分别向中央编办（国务院审改办）、发展改革委、公安部、民政部、工商总局反映。

中央编办（国务院审改办）、发展改革委

公安部、民政部、工商总局

2017 年 2 月 28 日

交通运输政务信息资源共享管理办法（试行）

交通运输部关于印发
《交通运输政务信息资源共享管理办法（试行）》的通知
交科技发〔2017〕58 号

各省、自治区、直辖市、新疆生产建设兵团交通运输厅（局、委），部属各单位，部内各司局：

现将《交通运输政务信息资源共享管理办法（试行）》印发你们，请遵照执行。

交通运输部

2017 年 4 月 27 日

第一章 总 则

第一条 为充分发挥交通运输政务信息资源共享在深化改革、转变职能、创新管理、提升服务中的重要作用，促进交通运输行业提质增效与转型升级，依据《国务院关于印发政务信息资源共享管理暂行办法的通知》（国发〔2016〕51 号）等文件，制定本办法。

第二条 本办法所称交通运输政务信息资源（以下简称信息资源），是指交通运输政务部门在履行职责过程中直接或通过第三方依法采集、产生或者获取的，以电子形式记录、保存的各类非涉密数据、文件、资料和图表等。

本办法所称交通运输政务部门（以下简称政务部门），是指交通运输主管部门及法律、法规授权行使交通运输行政管理职能的事业单位和社会组织。

本办法所称使用部门，是指因履行职责需要使用共享信息资源的部门。本办法所称提供部门，是指共享信息资源的产生和提供部门。

第三条 本办法用于规范交通运输部及省、部际、省际相关政务部门因履行职责需要使用和提供信息资源的行为。

第四条 部科技主管部门负责管理、评价和监督信息资源共享工作，组织交通运输政务信息资源目录（以下简称信息资源目录）的编制、发布和著录，组织相关标准规范的制修订和宣贯实施，监督部级信息资源共享交换平台（以下简称部级共享平台）的运行。

综合交通运输大数据应用技术支持部门（以下简称技术支持部门）负责信息资源目录的维护管理、部级共享平台的建设和运维、部级信息资源对外共享交换的联络、共享工作的监测分析等工作，并为信息资源共享工作提供技术支持。

省级交通运输主管部门负责省级共享平台建设、信息资源目录著录和维护、共享信息资源，以及与部级共享平台联通。

第五条 信息资源共享应遵循以下原则：

（一）以共享为原则、不共享为例外。各类信息资源原则上均应予共享，涉及国家秘密和安全的，按相关法律法规执行。

（二）需求导向，无偿使用。使用部门提出明确的共享需求和信息资源使用用途，提供部门应及时响应并无偿提供共享服务。

（三）统一标准，平台交换。按照国家及交通运输行业信息资源相关标准进行信息资源的编目、采集、存储、交换和共享工作。政务部门应基于部、省两级共享平台开展信息资源共享。

（四）建立机制，保障安全。统筹建立信息资源共享管理机制和信息共享工作评价机制。政务部门和部、省两级共享平台建设运行管理单位应加强对共享信息采集、共享、使用全过程的身份鉴别、授权管理和安全保障，确保共享信息安全。

第二章　分类与要求

第六条　信息资源按共享类型分为无条件共享、有条件共享、不予共享等三种类型。

可提供给所有政务部门共享使用的信息资源属于无条件共享类。

可提供给部分政务部门共享使用或仅部分内容能够提供给政务部门共享使用的信息资源属于有条件共享类。

不宜提供给其他政务部门共享使用的信息资源属于不予共享类。

第七条　信息资源共享类型划分应遵循以下要求：

（一）凡列入不予共享类的信息资源，提供部门应出具法律、行政法规或党中央、国务院政策依据。

（二）经脱密处理的交通运输基础设施空间和属性信息、运载工具基本信息、从业企业基本信息、从业人员基本信息、行政许可信息、执法案件结果信息等基础信息资源是政务部门履行职责的共同需要，必须接入部级共享平台实现基础数据集中汇聚、统筹管理、及时更新，供政务部门无条件共享。

（三）对列入有条件共享类的信息资源，提供部门应明确共享范围、数据内容和使用用途。

第三章　目录编制与管理

第八条　信息资源目录是实现信息资源共享和业务协同的基础，是政务部门间信息资源共享的依据。

信息资源目录应包括信息资源的分类、名称、提供部门、格式、属性、更新时限、共享类型、共享范围、共享方式、使用要求、来源系统等内容。

第九条　部科技主管部门负责组织编制《交通运输政务信息资源目录编制指南》，统筹组织信息资源目录编制工作。

已汇聚到部级共享平台的信息资源，由部科技主管部门组织编制信息资源目录；未汇聚到部级共享平台的信息资源，由省级交通运输主管部门依据《交通运输政务信息资源目录编制指南》编制信息资源目录。

部科技主管部门汇总形成部级信息资源目录，经专家咨询并报部审定后，统一在部级共享平台著录并发布。省级交通运输主管部门编制的信息资源目录，应在部级共享平台著录并发布。

信息资源目录一经发布，不得随意更改；如需更改，由部科技主管部门统一组织更新。

第十条　技术支持部门定期组织开展对政务部门业务信息系统与信息资源目录的一致性检测，并及时向部科技主管部门提出信息资源目录更新建议。

第四章　提供与使用

第十一条　部级共享平台提供信息资源目录管理，支撑涉及交通运输部的信息资源共享等功能。

凡涉及交通运输部的信息资源共享均应通过部级共享平台实施。部级共享平台应与国家共享平台对接以实现部际共享。

第十二条 凡新建的部本级业务信息系统、部省联网运行的业务信息系统，如需跨部门、跨层级共享信息资源，须通过部级共享平台实施信息资源共享；原有跨部门、跨层级的交通运输行业信息资源共享交换系统在升级改造时，须迁移到部级共享平台。

省级共享平台应满足省级、省际间共享交换信息资源的需要，并实现与部级共享平台的对接。

第十三条 部级、省级共享平台应提供联机查询、联机对比、批量下载等共享服务方式。

第十四条 属于无条件共享类的信息资源，提供部门应通过共享平台提供共享服务，使用部门在共享平台上可直接获取共享服务。

属于有条件共享类的信息资源，使用部门通过共享平台向提供部门提出申请，明确使用用途，提供部门应在 10 个工作日内予以答复，使用部门按答复意见使用共享信息资源，对拒绝共享的，提供部门应说明理由，且不得再另设线下审批程序。

属于不予共享类的信息资源，以及属于有条件共享类但提供部门拒绝共享的信息资源，使用部门因履行职责确需使用的，由使用部门与提供部门协商解决，协商未果报部协调解决。

对于涉及到重要敏感时期、重大节假日等时效性较高的信息资源共享，可由使用部门和提供部门根据实际协商确定共享方式，依托共享平台共享信息资源。

第十五条　提供部门应保障所提供信息资源的完整性、准确性、时效性和可用性，并确保与本部门实际掌握信息资源的一致性。委托其他单位提供信息资源的政务部门，对其委托单位提供的信息资源质量负责。

第十六条　使用部门应根据履职需要依法依规使用共享信息资源，并加强共享信息资源使用全过程管理，切实维护提供部门的合法权益。

使用部门从共享平台获取的信息资源，应按照明确的使用用途用于本部门履职需要，不得直接或以改变数据形式等方式提供给第三方，也不得用于或变相用于其他目的。如需提供第三方或用于其他目的的，应与提供部门协商。

使用部门应当加强共享信息资源的安全管理，不得滥用、非授权使用、未经许可扩散或泄露所获取的共享信息资源，因使用不当造成安全问题或不良影响的，根据相关法律法规追究使用部门及相关人员的责任。

第十七条　使用部门对获取的共享信息资源有疑义或发现有明显错误的，提供部门应及时予以校核。对多源异义信息资源，提供部门应通过协商进行信息资源质量校核和业务规则修订，并明确信息资源的唯一来源。

第五章　监督与保障

第十八条　部科技主管部门负责组织建立信息资源共享评价体系，会同有关部门定期组织开展共享评价工作并通报评价结果。

第十九条　信息资源共享应遵循《网络安全法》等国家和

交通运输行业网络安全管理法规、政策和制度。

共享平台建设和运维单位应加强共享平台的安全防护，切实保障信息资源共享交换时的信息安全。提供部门和使用部门要加强信息资源采集、共享、使用时的安全保障工作，落实本部门对接系统的网络安全防护措施。

第二十条 部级政务信息化项目立项申请前应预编信息资源目录，作为项目审批要件。申请部补助资金的政务信息化项目，应按照部印发的建设指南、标准规范等指导性文件，落实信息资源共享要求。

项目建成的信息系统上线试运行前应将信息资源目录在共享平台著录，并接受信息资源目录合规性检测，检测合格的方可通过验收。

信息资源共享工作情况将作为信息化项目建设经费安排和运维经费分配的重要参考。

第二十一条 政务部门应合理保障信息资源共享工作经费，将信息资源目录编制与著录、共享平台建设及运行维护等工作经费纳入本部门年度预算。

第二十二条 政务部门应落实本办法要求，明确本部门工作目标、责任和实施机构。政务部门主要负责人是本部门信息资源共享工作的第一责任人。

第二十三条 政务部门及其工作人员有下列情形之一的，由部科技主管部门通知整改；未在规定时限内完成整改的，部科技主管部门将有关情况向政务部门通报。

（一）未按要求编制和更新维护信息资源目录的；

（二）未向共享平台及时提供、更新共享信息资源的；

（三）向共享平台提供的信息资源和本部门所实际掌握的信息资源不一致的，或提供的信息资源不符合有关规范、无法使用的；

（四）不共享其他部门信息资源，重复采集信息资源或随意扩大信息资源采集范围的；

（五）对已发现不一致或有明显错误的信息资源，不及时校核的；

（六）对共享获得的信息资源管理失控，致使出现滥用、非授权使用、未经许可的扩散以及泄漏的；

（七）未经提供部门授权，擅自将共享信息资源转让给第三方或用于其他目的的；

（八）违反本办法规定的其他行为。

第六章　附　则

第二十四条　本办法由部科技主管部门负责解释。

第二十五条　本办法自 2017 年 5 月 1 日起施行，有效期 3 年。涉及政务内网信息资源共享有关规定另行制定。

人力资源社会保障部政务信息
资源共享管理暂行办法

人力资源社会保障部办公厅关于印发

人力资源社会保障部政务信息资源共享管理

暂行办法的通知

人社厅发〔2017〕39 号

部属各单位，公务员局：

《人力资源社会保障部政务信息资源共享管理暂行办法》已经 2017 年第 122 次部务会审议通过，现印发给你们，请遵照执行。

人力资源社会保障部办公厅

2017 年 4 月 17 日

第一章 总 则

第一条 为加强人力资源社会保障部政务信息资源共享管理，促进和规范我部内部及与部外的政务信息资源共享，提高政务信息资源开发利用水平，依据相关法律法规、《国务院关于印发促进大数据发展行动纲要的通知》（国发〔2015〕50 号）、《国务院关于印发政务信息资源共享管理暂行办法的通知》（国发〔2016〕51 号）的规定和要求，制定本办法。

第二条 人力资源社会保障部政务信息资源是指我部在履

行职责过程中产生或获取的，以一定形式记录、保存的文件、资料、图表和数据等各类信息资源，包括通过政务信息系统产生或采集的信息资源，直接或通过第三方依法采集的信息资源，通过信息共享、信息监测等获取的其他部门和地方的信息资源等。

第三条 人力资源社会保障部与其他政务部门开展政务信息资源共享工作，以及部属各单位间开展政务信息资源共享工作，适用本办法。

第四条 政务信息资源共享坚持依法合规、统一管理、分工负责、面向应用、保证安全的原则。

第二章 机构与职责

第五条 规划司负责政务信息资源共享工作的协调统筹。牵头制定政务信息资源共享管理的规章制度，按照国家要求组织编制人力资源社会保障部政务信息资源目录（以下简称政务信息资源目录）；会同信息中心开展部政务信息资源库和数据共享交换平台的建设，并与国家数据共享交换平台联通；协调落实促进大数据发展部际联席会议有关工作部署。

第六条 按照"谁主管，谁提供，谁负责"的原则，部属各单位是开展政务信息资源共享的责任主体，负责主管范围内的政务信息资源的生成和管理；负责按照政务信息资源目录向部数据共享交换平台提供共享信息；负责提出对其他部门政务信息资源的共享需求，并按"谁使用，谁管理，谁负责"的原则使用共享信息等。

第七条 信息中心负责部政务信息资源库及数据共享交换

平台运行的组织管理，负责为部属各单位开展政务信息资源共享和使用提供技术支持。

第八条 部属各单位主要负责人是政务信息资源共享工作的第一责任人。各单位指定 1 名工作人员作为政务信息资源共享工作联络员。

第三章 政务信息资源目录

第九条 规划司会同信息中心、部属其他单位，按照国家《政务信息资源目录编制指南》，编制政务信息资源目录，按程序审批后，作为部内及对外开展政务信息资源共享的基本依据。

第十条 政务信息资源目录包含政务信息资源的类别、名称、提供方、信息项、共享属性、更新周期等。

第十一条 部属各单位应对主管范围内的政务信息资源进行全面的梳理，明确纳入政务信息资源目录的信息，并按照"共享为原则，不共享为例外"的原则，明确信息的共享属性。凡列为不予共享或有条件共享的信息，必须有法律、行政法规或党中央、国务院政策依据。

第十二条 当发生有关法律法规作出修订、行政管理职能发生变化等情况，需要对政务信息资源目录进行修改或调整，部属有关单位报部领导同意后，及时向规划司提出修改调整目录的意见，规划司备案后通知信息中心组织技术实现。

第四章 政务信息资源共享与使用

第十三条 部属各单位应依据政务信息资源目录，通过统一的部数据共享交换平台，积极开展对内对外信息资源共享，积极利用国家基础信息库（人口库、法人库等）和其他部门共享信息，开展信息挖掘、分析和利用，提升决策、管理、服务的能力和水平。

第十四条 部属单位因履职需要使用部属其他单位有条件共享或不予共享的信息资源，由信息使用单位向信息主管单位提出共享申请，主管单位应在 5 个工作日内向提出单位反馈处理意见。

以上情况下对于信息资源共享意见不一致的，由双方单位进行协商；协商未果的，按程序报部领导审定。

第十五条 当其他部门对我部有条件共享或不予共享的信息资源提出共享申请，主管该信息资源的部属单位应在 10 个工作日内向提出单位反馈处理意见，并报规划司备案。

部属单位需要使用其他部门有条件共享或不予共享的信息资源，应通过国家数据共享交换平台向有关部门提出共享申请，并报规划司备案。

以上情况下对于信息资源共享意见不一致的，规划司配合部属有关单位与外部单位进行协商，协商未果的，按程序报请促进大数据发展部际联席会议协调解决。

第十六条 部属各单位使用共享政务信息资源应遵循国家有关法律法规、保密规定和部有关规章制度；在使用过程中对共享信息有疑义或发现有明显错误的，应及时反馈信息的提供单位。

第十七条 部属各单位应强化信息资源意识，在业务工作开展过程中不断丰富信息资源内涵，提高信息数据质量，基于信息共享积极推进业务流程再造和优化。

第五章　监督与保障

第十八条　规划司按照国家有关要求督促检查部属各单位政务信息资源共享工作的落实情况，并于每年2月底前将上一年度我部政务信息资源共享情况按程序报送促进大数据发展部际联席会议。

第十九条　通过实施金保工程，建设部政务信息资源库和数据共享交换平台，完善相应的基础设施和应用系统，为信息资源的共享和使用提供信息化支撑。

第二十条　信息中心做好政务信息资源共享相关信息系统的运行维护工作，建立健全网络安全管理制度，做好信息资源共享和使用全过程的网络安全保障工作。

第二十一条　部属各单位应接受中央和国家有关部门组织的政务信息资源共享情况评估，并根据评估意见及时做好整改工作。

第六章　附　则

第二十二条　本办法由规划司负责解释。

第二十三条　本办法自印发之日起执行。